Josef Schlösser

Wandern zu Klöstern, Kirchen und Kapellen

Die 15 schönsten Touren im Erzbistum Köln

Josef Schlösser

Wandern zu Klöstern, Kirchen und Kapellen

Die 15 schönsten Touren im Erzbistum Köln

J.P. BACHEM VERLAG

Alle Daten und sonstige Informationen im vorliegenden Buch sind mit größter Sorgfalt recherchiert und zusammengestellt worden. Autor und Verlag können jedoch keine Gewähr oder Haftung für eventuelle Änderungen und Fehler übernehmen. Sollten sich dennoch falsche Angaben eingeschlichen haben, wären wir für einen Hinweis dankbar.

Vordere Klappe: Der Wupper-Stausee und die Klosterkirche von Beyenburg
Hintere Innenklappe: Anhöhe mit Fernblick in der Nähe von Bruchhausen

Bildnachweis
Titelfoto und alle Bilder von Josef Schlösser, außer: Robert Boecker, S. 6, 182; Bonifatiuswerk, S. 13; Rhein-Erft-Kreis/Ute Prang, S. 110, 115, 120; Stadt Velbert, S. 17, 178

*Dieses Buch widme ich meiner Frau Ute,
die mich bei allen Wanderungen begleitet hat,
und meinem Sohn Nils.*

Bibliografische Information der Deutschen Nationalbibliothek
Die Deutsche Nationalbibliothek verzeichnet diese Publikation in der Deutschen Nationalbibliografie; detaillierte bibliografische Daten sind im Internet über **http://dnb.d-nb.de** abrufbar.

1. Auflage 2011
© J. P. Bachem Verlag, Köln 2011
Einbandgestaltung und Innenlayout: Barbara Meisner, Düsseldorf
Redaktion und Lektorat: Frauke Severit, Berlin
Karten: Baumgardt Consultants, Berlin
Reproduktionen: Reprowerkstatt Wargalla GmbH, Köln
Druck: Grafisches Centrum Cuno, Calbe
Printed in Germany
ISBN 978-3-7616-2341-1 Buchausgabe
ISBN 978-3-7616-2528-6 EPUB
ISBN 978-3-7616-2529-3 PDF

Mit unserem **Newsletter** informieren wir Sie gerne über unser Buchprogramm. Bestellen Sie ihn kostenfrei unter

Auch als E-Book erhältlich

www.bachem.de/verlag

Im Apple iBookstore und überall, wo es elektronische Bücher gibt. Weitere Informationen auch unter

www.bachem.de/ebooks

Inhalt

Links: Die Kirche St. Peter in Essen-Kettwig

Zu diesem Buch

Kennen Sie Friesenhagen mit der „Roten Kapelle" im Wildenburger Land? Waren Sie schon einmal in der Marienwallfahrtskirche in Bruchhausen, das auf einem Höhenzug in der Nähe
des Rheins liegt? Oder wollen Sie das malerische Alt-Kaster als
Start- und Zielort für eine Rundwanderung durch ehemaliges
Braunkohlenabbaugebiet im Westen der Erzdiözese Köln aufsuchen? Dieses Buch lädt Sie dazu ein, diese und viele weitere Wandergebiete mit herrlichen Ausgangspunkten kennen-
zulernen.

Insgesamt habe ich 15 markante Orte am Grenzverlauf der
Erzdiözese Köln ausgewählt, um Sie von dort aus auf abwechslungsreiche Rundkurse zu führen. Für die Bewältigung dieser
Wanderungen muss man kein Spitzensportler sein, denn sie
sind zwischen gut 5 und 13 Kilometer lang. So bleibt genügend Zeit für Besichtigungen, zum Verweilen und Innehalten.
Nur keinen Kilometer-Stress! Aber: Festes Schuhwerk ist Pflicht.
Auch wetterfeste Kleidung sollte mitgeführt werden. Ein Rucksack mit Proviant bedeutet mehr Unabhängigkeit. Dennoch
gibt es für jede Tour in der Rubrik „Informationen" Hinweise
auf gemütliche Einkehrmöglichkeiten.

Die Landschaften rund um die Grenzen des Erzbistums Köln
könnten kaum vielfältiger sein. So werden Sie im nordöstlich-
en Teil der Erzdiözese ins Bergische und Oberbergische Land
geführt, in südliche Richtung geht es dann in den Westerwald
und weiter durch die herrliche Natur an Rhein und Sieg. Am
Grenzverlauf im Süden führen Touren ins sanft ansteigende
Bergland der Nordeifel, im Westen durch teilweise renaturier-
te ehemalige Braunkohlereviere. Auch die Erft-Region bis hin
zum Niederrhein bietet wechselhafte Eindrücke. An der Nord-
grenze geht es schließlich in östliche Richtung zurück ins Bergische und Oberbergische Land.

Auf allen Rundkursen finden Sie Kirchen, Kapellen und Wegekreuze, die zu Besinnung und Ruhe einladen. Auch an romantischen Burgen, stolzen Herrenhäusern oder idyllischen Schloss-
anlagen führen einige Wanderstrecken vorbei. Altes Fachwerk
in historischen Ortskernen ist ebenfalls zu bewundern. Viel

Dann mal los …

Sehenswertes erwartet Sie – und das in nächster Umgebung!
Bewegung auf Schusters Rappen fördert bekanntlich die Ge-
sundheit. Auch das dürfte ein motivierender Aspekt sein, sich
auf die hier vorgestellten Wanderungen einzulassen. Wer nicht
rastet, der rostet auch nicht!

Jedenfalls lohnt es sich, die Erzdiözese Köln – sozusagen im
Uhrzeigersinn – an ihrem Grenzverlauf zu den Nachbarbistü-
mern näher zu erkunden. Natürlich können Sie mit jeder Tour
der folgenden 15 Wanderrouten beginnen. Meine Frau Ute
und ich haben als erstes Ziel Kreuzberg bei Wipperfürth ausgewählt – dieser Ort liegt markant auf einem windigen Höhenzug im Oberbergischen Kreis und ist kirchenhistorisch interes-
sant. Zudem gehört dieser Rundkurs zu den kurzen in diesem
Buch beschriebenen Strecken und ist somit ideal zum Einlau-
fen.

Josef Schlösser

Das **Erzbistum Köln**
und seine **Nachbarn**

Mit seinen rund 2,1 Millionen Katholiken ist das Erzbistum Köln (www.erzbistum-koeln.de) das mitgliederstärkste Bistum unter den insgesamt 27 in Deutschland existierenden Diözesen, in denen rund 25 Millionen Katholiken leben. Von seiner Fläche her hat es mit 6.181 Quadratkilometern einen Mittelplatz. Zum Vergleich: Das größte Bistum ist die Erzdiözese Hamburg mit 32.489 Quadratkilometern. Die Erzdiözese Köln nimmt etwa zu einem Fünftel die Fläche des Bundeslands Nordrhein-Westfalen ein, im Süden reicht sie bis ins Bundesland Rheinland-Pfalz.

Das Erzbistum Köln zählt zu den ältesten Bistümern in Deutschland. Als erster Bischof wird Maternus genannt, dessen Wirken hier für die Jahre 313/314 belegt ist. Vom 8. Jahrhundert an war Köln bereits Erzbistum. Erwähnenswert ist auch das Jahr 1164, in dem Erzbischof Reinald von Dassel die Gebeine der Heiligen Drei Könige von Mailand nach Köln brachte. Und: Im Jahr 1248 wurde der Grundstein des Kölner Doms gelegt. Allerdings brauchte es mehr als 600 Jahre, bis das gotische Gotteshaus fertiggestellt wurde. Heute zählt man rund 800 Kirchen sowie 400 Filialkirchen und Kapellen auf dem Gebiet des Erzbistums Köln. Weitere Fakten und Daten finden sich – stets auf dem aktuellsten Stand – auf der oben genannten Internetseite.

Die Erzdiözese Köln ist von den Bistümern Essen, Limburg, Trier und Aachen sowie am östlichen Rand auch von einem Grenzabschnitt des Erzbistums Paderborn umgeben. Das Ruhrbistum Essen (www.bistum-essen.de) ist der Nachbar entlang der Nord- und einem guten Teil der Ostgrenze der Erzdiözese (vgl. Touren 1 und 12–15). Dieser Abschnitt erstreckt sich von Wittlaer am Rhein im Norden, dann oberhalb von Wuppertal bis hin zur Genkeltalsperre bei Meinerzhagen. Mit seinen 1.877 Quadratkilometern und knapp 900.000 Katholiken ist das Bistum Essen flächenmäßig das kleinste innerhalb Nord-

Blick von Bensberg auf die Kölner Bucht

rhein-Westfalens. Es wurde am 1. Januar 1958 aus Teilen der Erz-
bistümer Köln und Paderborn sowie der Diözese Münster gebildet und ist damit eines der jüngsten Bistümer in Deutschland.

Von der Genkeltalsperre geht es weiter in südliche Richtung
bis Äpfelbach, in der Nähe von Friesenhagen (vgl. Tour 2). Hier
grenzt das Erzbistum Paderborn (www.erzbistum-paderborn.de)
an die Erzdiözese Köln. Dieses im Herzen Deutschlands liegende Erzbistum, das heute knapp 1,7 Millionen Katholiken zählt,
wurde im Jahr 799 von Papst Leo III. und Karl dem Großen gegründet. Paderborn ist seit 1930 Erzdiözese. Im Hohen Dom
der Stadt an dem Fluss Pader befinden sich seit dem Jahr 836
die Reliquien des heiligen Liborius, des Patrons des Erzbistums.
Paderborn ist auch Sitz des Bonifatiuswerks der deutschen Katholiken, das älteste katholische Hilfswerk in Deutschland.

Von dem kleinen Ort Äpfelbach in der Gemeinde Niederfischbach bis nach Fensdorf (diese Orte liegen allesamt nicht
mehr auf dem Gebiet der Erzdiözese Köln) verzeichnet der

Grenzverlauf eine Besonderheit, denn zwischen den genannten Orten erstreckt sich das Dekanat Kirchen, das zum Bistum Trier gehört (www.bistum-trier.de). Es wird auch die „Trierische Insel" genannt. Das Besondere: Dieses Dekanat ist von seiner Mutterdiözese abgetrennt; ein Stück des Bistums Limburg schiebt sich dazwischen.

Der im Frühjahr 2010 verstorbene Pater Dr. Jakob Moskopp vom Orden der Missionare von der Heiligen Familie hat die Geschichte der „Trierischen Insel" und der zugehörigen Pfarreien in seiner Broschüre „Das Dekanat Kirchen im Jahr 2000" anschaulich beschrieben. Da heißt es: „Will der Bischof von Trier dieses Dekanat besuchen, muss er kölnisches oder limburgisches Diözesangebiet durchfahren, je nach dem er den Weg über Altenkirchen oder Hachenburg wählt. Sollte er einen Besuch der Stadt Siegen wünschen, begäbe er sich ins Paderbornische." Dieser Zustand einer Exklave des Dekanats Kirchen, das laut der Broschüre im Jahr 1824 dem neuen Bistum Trier eingegliedert und 100 Jahre später verkleinert wurde, hängt sowohl mit der Reformation als auch mit verschiedenen Verwaltungsreformen zusammen. Teile des Dekanats Kirchen gehörten erstmals bereits im Jahr 913 zum damaligen Erzbistum Trier, was urkundlich belegt ist.

Die Zentrale des Bonifatiuswerks in Paderborn

Kirchen/Sieg im Dekanat Kirchen

„Wessen das Land, dessen die Religion." – Dieser Leitsatz galt mit dem Augsburger Religionsfrieden von 1555. Die Landesherren erhielten damals das Recht, auf ihren Territorien eine eigene Kirchordnung durchzusetzen. Was das bedeutete, lässt sich an der Vergangenheit der Gemeinde Niederfischbach ablesen. Der Saynsche Graf der Herrschaft Freusburg wurde, wie es in der Schrift des Paters heißt, im Jahr 1560 evangelisch, damit auch Niederfischbach samt der Kirche im Ort. Der Wechsel zum katholischen Glauben erfolgte für die Bevölkerung, als 1626 die Trierer Erzbischöfe die Herrschaft Freusburg übernahmen. Einige Jahre später gab es von evangelischer Seite erneute Ansprüche, die in einen zwischen Erzbischof Carl Casper von der Leyen und Landgräfin Johanetta von Sayn 1652 beschlossenen Vergleich mündeten. Die Kirche in Niederfischbach wurde fortan von beiden Konfessionen genutzt. Dieses Simultaneum endete erst im Jahr 1898 – mit dem Bau der neuromanischen katholischen Basilika „St. Mauritius und Gefährten". Diese Kirche mit ihren vier aufragenden Türmen wird im Volksmund stolz der „Siegerländer Dom" genannt.

Dem Dekanat Kirchen folgt dann im Uhrzeigersinn eine kurze Begegnung mit der Bistumsgrenze der Diözese Limburg (www.bistumlimburg.de), die mit 6.182 Quadratkilometern Fläche von der Größe her fast identisch ist mit der des Erzbistums Köln. Dieser Grenzabschnitt beträgt nur wenige Kilometer. Erwähnenswert ist in diesem Zusammenhang der „Marienwanderweg", eine alte Pilgerstrecke durch den Westerwald, der vom Klosterort Marienthal im Erzbistum Köln zur Zisterzienserabtei Marienstatt im Bistum Limburg führt (vgl. Tour 3).

Der gesamte südliche Teil der Erzdiözese Köln grenzt an das Bistum Trier. Dieser Abschnitt reicht etwa von der Ortschaft Oberwambach in westliche Richtung bis in die Nordeifel (vgl. Touren 4 bis 7). Vom Turm der Kapelle St. Michael auf dem Michelsberg bei Bad Münstereifel aus blickt man in südliche Richtung ins Dekanat Gerolstein-Hillesheim, das zur Diözese Trier gehört, die Blickrichtung Westen führt bereits in Gebiete des Bistums Aachen. Die Diözese Trier ist das älteste

Der „Siegerländer Dom" in Niederfischbach

Klosterkirche der Abtei Marienstatt im Bistum Limburg

Bistum auf deutschem Boden mit der ältesten Bischofskirche. Der erste Bischof, Eucharius, lebte und wirkte hier Mitte des 3. Jahrhunderts. Vom Jahr 480 an hatte das damalige Erzbistum Trier die größte Ausdehnung, denn Metz, Toul, Verdun, das heutige Luxemburg und Teile Belgiens gehörten dazu. Die Zeit der Säkularisierung bedeutete das Ende der Erzdiözese in dieser Ausdehnung. Im Jahr 1821 wurde das kleinere Bistum Trier durch den Vatikan in seiner heutigen Form gebildet, das aber immer noch eine Fläche von 12.870 Quadratkilometern hat. Die Zahl der Katholiken wird mit rund 1,5 Millionen angegeben. Weitere Fakten und detaillierte Angaben zur Geschichte der Diözese sind im Internet unter der genannten Webadresse des Bistums Trier nachzulesen (s. S. 13).

Bleibt abschließend der Grenzverlauf im Westen von der Eifel in Richtung Norden bis über Kaiserswerth am Rhein (Tour 12) hinaus. Das Bistum Aachen (www.kirche-im-bistum-aachen.de) befindet sich auf dieser langen Strecke in direkter Nachbarschaft zur Erzdiözese Köln. Nach wechselvoller Geschichte wurde die Diözese in heutiger Form 1930 aus Teilen des Kölner Erzbistums und einigen Dekanaten des Bistums Münster gebildet. Das flächenmäßig eher kleinere Bistum (3.937 Quadratkilometer) zählt immerhin rund 1,1 Millionen Katholiken. Die Wanderungen in der Nähe dieses Grenzverlaufs versprechen besondere Eindrücke (vgl. Touren 8 bis 13). Es warten wechselvolle Landschaften und romantische Orte auf Sie. Also, nichts wie los!

Der Mariendom zu Neviges

Von **Kreuzberg** ins **Neyetal**

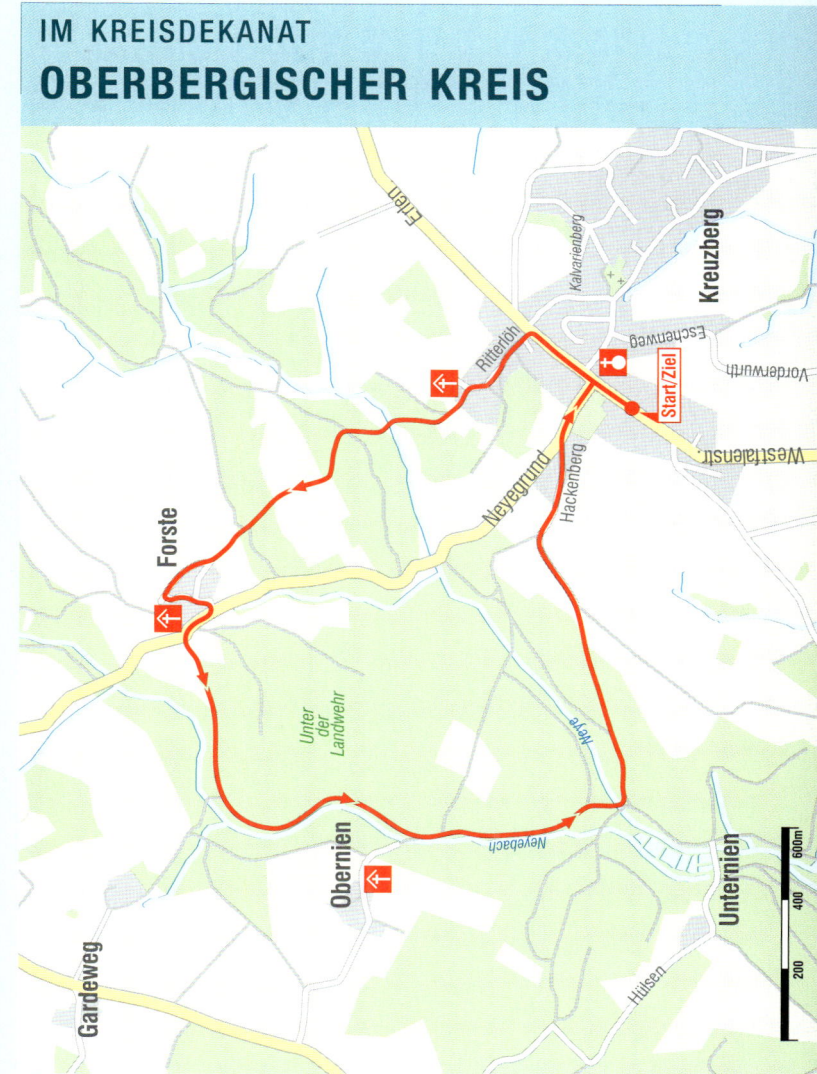

Links: Die Kirche St. Johannes und Evangelist in Kreuzberg

Von Kreuzberg ins Neyetal

Lage

Kreuzberg, 7 Kilometer nordöstlich von Wipperfürth, gehört zur Pfarrei
St. Nikolaus in Wipperfürth und ist Bestandteil des Kreisdekanats Oberbergischer Kreis.

Anfahrt

Pkw: von Westen die A 3 bis AS Köln-Dellbrück, dann die B 506 bis Wipperfürth, rechts auf die B 237 (Nordtangente) und links ab über die L 284 bis
Wasserfuhr, dort links abbiegen bis Kreuzberg; von Düsseldorf über AK Leverkusen und die A 1 bis AS Wermelskirchen, von Wuppertal die A 1 bis AS Rem-
scheid, dann die B 51 bis Bergisch Born und die B 237 nach Wipperfürth, weiter
wie oben beschrieben; von Olpe die A 4 bis AS Gummersbach, dann die B 256
über Marienheide nach Wipperfürth, von der Gummersbacher Straße rechts ab
über die L 284, weiter wie oben beschrieben

ÖPNV: von Köln (Hbf) per Bus bis Wipperfürth ca. 90 Minuten, von dort bis
Kreuzberg ca. 15 Minuten; Infos beim VRS, Tel. 0211/20 80 80 und unter
www.vrsinfo.de

Start- und Zielort

Kreuzberg liegt innerhalb des Naturparks Bergisches Land am östlichen Grenzverlauf der Erzdiözese Köln. Wenige Kilometer weiter befindet sich das Bistum
Essen. In dem 375 Meter hoch gelegenen Ort, der an der alten Westfalenstraße
in Richtung Halver – Lüdenscheid – Altena angesiedelt ist, lässt sich von weiter
Entfernung aus die neugotische Hallenkirche „St. Johannes Apostel und Evangelist" erkennen.

An den Standort der früheren Missionskirche, von der heute noch Mauerreste
erhalten sind, erinnert ein Kreuz am alten Kirchplatz. Ein weiterer Anziehungspunkt ist der Kalvarienberg.

Dauer

Ca. 1,5 Stunden

Länge

5,4 Kilometer

Varianten

Es gibt viele Möglichkeiten diese Kurzwanderung zu verlängern; z. B. kann man
in rund drei Stunden den Neye-Stausee zusätzlich umwandern.

Wanderkarte

Wanderkarte „Wipperfürth im Bergischen Land" (Nr. 20), 1:25.000

Einkehrmöglichkeiten

In Kreuzberg *Klosterhof*, Tel. 02267/49 37
www.klosterhofkreuzberg.de
In Kupferberg-Hammer Hotel *Haus Felderhoff*, Tel. 02267/57 96,
www.haus-felderhoff.de
In Wasserfuhr *Hotel Koppelberg*, Tel. 02267/50 51
www.hotel-koppelberg.de

Internet

www.erzbistum-koeln.de
www.wipperfuerth.de
www.naturparkbergischesland.de

HINAB INS STILLE
Neyetal

„Hier weht fast immer ein Wind", lächelt uns eine ältere Frau auf dem Dorfplatz von Kreuzberg an. Es ist noch früh am Tag und jung im Jahr, und so starten wir bei Temperaturen um den Gefrierpunkt mit fester Wetterkleidung, Schal und Mütze die Rundwanderung, auf der sich die Sonne – wenn auch mühsam – durchsetzt.

Vom schmucken Dorfplatz nutzen wir den Bürgersteig auf der linken Seite. Entlang der Westfalenstraße in Richtung Anschlag führt der Weg vorbei an dem einzigen Frischmarkt bis fast zum Ortsausgang. Vor einem Schieferhaus mit stilisierter Blume geht es links ab in Richtung Ritterlöh; nun folgen wir immer der Markierung „A 2". Auf der schmalen Teerstraße wandern wir bergab in Richtung einer Gabelung, an der wir uns rechts halten. Nach etwa 100 Metern befindet sich hinter einer Kurve auf der rechten Seite direkt neben dem Wohnhaus ein

Lichtspiele im dichten Wald hinab zur Neyetalsperre

„Zaungäste" bei Ritterlöh

graues Wegekreuz. Gleich gegenüber biegen wir links auf den Feldweg mit der „A 2"-Markierung ein.

Die abwechslungsreiche Strecke führt an Wiesen vorbei und durch Tannen- und Mischwälder. Dann überqueren wir den Wanderweg „A 3" und erreichen nach gut einer halben Stunde die Ortschaft Forste. Der „A 2" führt links durch das erste Gehöft, und am nächsten Querweg wandern wir links in Richtung Dorfstraße. Zuvor lohnt der Blick nach rechts: Ein altes Wegekreuz auf einer Wiese lädt zum Innehalten ein.

An der Straße angekommen, biegen wir rechts ab und gehen – vorbei an der Schulbushaltestelle – bis zum höchsten Punkt. Erst in den zweiten (!) Wanderweg biegen wir links ein und können an einem Hochspannungsmast in Sichtweite die Markierung „A 2" gut erkennen. Nun geht es immer leicht bergab ins Neyetal. Schon bald erreichen wir den Bachzulauf, der später in den gleichnamigen Stausee mündet. Nach gut einer Stunde Laufzeit müssen wir eine Entscheidung treffen: An der Einmündung zum Hauptweg zeigt ein schmuckes Holzschild mit der Aufschrift „Kreuzberg" inmitten des Walds nach links. Wer jedoch die Neyetalsperre zusätzlich umwandern will (ca. drei Stunden), muss nach rechts gehen und erreicht nach fünf Minuten den Startpunkt des Rundwegs, nach weiteren drei Minuten ist schon der östliche Ausläufer der Trinkwasser- talsperre zu sehen, in deren Umgebung besondere Verhaltens- regeln gelten.

Wir aber folgen dem Schild mit der Aufschrift „Kreuzberg". Der Waldweg führt links steil bergan bis zum Waldrand. Ist die- ser erreicht, sehen wir bereits den schlanken Kirchturm unse- res Ausgangsorts als Orientierungspunkt. Der „A 2" führt durch Hackenberg hinauf nach Kreuzberg. Am rechts befindlichen Friedhof erreichen wir wieder die Westfalenstraße; rechts liegt in Sichtweite der Dorfplatz, fast gegenüber die Dorfkirche.

Altes Wegekreuz in Forste

Fluchtstation für den Dreikönigsschrein

Kreuzberg hat Charme. Weil dieses traditionsreiche Dorf auf einem Höhenrücken zwischen dem oberen Neyetal und dem Hönnigetal liegt, gerät bereits der Fernblick über die Weiten des Oberbergischen Lands zu einem besonderen Erlebnis. Gemeinsam mit der Ortschaft Kupferberg, wo bis zum Ende des Zweiten Weltkriegs in der Grube Danielszug fast 180 Jahre lang Kupfererz abgebaut wurde, ist Kreuzberg von der Wohnbevölkerung her mit rund 1.500 Einwohnern das größte Dorf im Bereich von Wipperfürth.

Es gibt enge Verbindungen zu Köln. Freiherr Heinrich von Mering der Ältere, kurkölnischer Geheimrat, Domherr zu Köln und Besitzer von mehreren Höfen in der Gegend um Wipperfürth, gründete 1696 für die weit zerstreut in der Umgebung lebenden Katholiken des Kirchspiels Halver eine Missionsstätte im nahegelegenen Engsfeld, die er den Franziskanern überantwortete. Sein Neffe, Heinrich von Mering der Jüngere, ebenfalls Domherr zu Köln, sorgte dann für die Errichtung der

Missionskreuz an der Kirche in Kreuzberg

Der Kalvarienberg in Kreuzberg

ersten Kirche in Kreuzberg, die am 4. Oktober 1730 durch den Kölner Weihbischof Franz Caspar von Francken-Sierstorpff feierlich konsekriert wurde. Fortan mussten die Menschen nicht mehr stundenlange Fußmärsche auf sich nehmen, um den Sonntagsgottesdienst im fernen Wipperfürth zu besuchen.

Franziskaner, die hier anfänglich tätig waren, erteilten auch den Schulunterricht für die Kinder. Es fanden 1855 auch Missionswochen durch Jesuiten, 1897 durch Franziskaner, 1911 durch Redemptoristen, 1922 erneut durch Franziskaner, 1933 durch Oblaten und 1949 durch Dominikaner statt. Ganz zu Beginn hatte eine im Jahr 1753 begründete „Bruderschaft" in und um Kreuzberg gewirkt und sich um das religiöse Leben wie um soziale Aufgaben gekümmert. Auch das hier befindliche einstige Liebfrauenkloster, das die Augustinerinnen aus Neuss im Februar 1926 für ein Schwestern-Erholungsheim erwarben, ist ein Beleg dafür, dass in Kreuzberg immer wieder karitative Impulse gesetzt wurden. Später wurde

Die Schwarze Muttergottes

dieses Haus gleich gegenüber dem Dorfplatz viele Jahre lang als Altenpflegestätte genutzt.

Noch ein weiterer Vorgang verbindet Kreuzberg mit Köln. Der Reliquien-Schrein der Heiligen Drei Könige, der mehrmals in der Geschichte wegen Kriegswirren von der Domstadt aus an geheime Orte gebracht wurde, soll zweimal auf dem Weg durchs Bergische Land für jeweils eine Nacht in Kreuzberg sozusagen Fluchtstation gemacht haben. Im Jahr 1794 war es der Erzbischof-Kurfürst von Köln, Max Franz von Österreich, der die Meisterwerke mittelalterlicher Goldschmiedekunst vor den französischen Truppen in Sicherheit bringen ließ und dabei die eher unscheinbare Missionskapelle in Kreuzberg als Zwischenstation wählte. Auch bei der Rückführung nach Köln im Jahr 1804 soll hier wieder ein Stopp eingelegt worden sein.

An den Standort der alten Kreuzberger Missionskirche erinnert heute ein 1905 errichtetes Steinkreuz, das im ehemaligen Pfarrgarten zu besichtigen ist. Einige Steine des für den Neubau niedergelegten ersten Gotteshauses sind in diesem imposanten Denkmal eingearbeitet.

Die neue Kirche St. Johannes Apostel und Evangelist wurde in den Jahren 1867 bis 1869 nach den Plänen des Kölner Diözesanbaumeisters Vinzenz Statz im neugotischen Stil erbaut. Besonders sehenswert sind: der um das Jahr 1790 entstandene „Immerwährenden-Hilfe-Altar" mit einem Gnadenbild Maria mit Kind im linken Seitenschiff, mehrere Holzstatuen, darunter die des heiligen Josef, gestiftet im Jahre 1982 vom Liebfrauenkloster Kreuzberg, und die Schwarze Madonna, eine etwa 70 Zentimeter hohe Eichenholzfigur, bei der es sich vermutlich um eine Nachbildung des Gnadenbilds aus der Kapelle in der Kölner Schnurgasse handelt.

Schließlich muss natürlich noch der Kalvarienberg erwähnt werden, der ein Anziehungspunkt für Besucher und Pilger war und ist. Die Kreuzwegstationen entstanden in langjähriger Schaffenszeit von 1859 an. Allerdings fand die Einsegnung dieser Pilgerstätte erst 1885 durch einen Franziskanerpater aus Neviges statt. Die Bewaldung des Kalvarienbergs, der sich etwa fünf Gehminuten von der Pfarrkirche entfernt befindet, wurde durch den Orkan Kyrill im Januar 2007 vollständig vernichtet. Nach der Neuaufforstung wird es noch Jahre dauern, bis dieser Ort des Betens wieder seine dichte Beschattung hat.

Das Steinkreuz am alten Kirchplatz

Die **Kapellen-Route** um **Friesenhagen**

IM KREISDEKANAT
OBERBERGISCHER KREIS

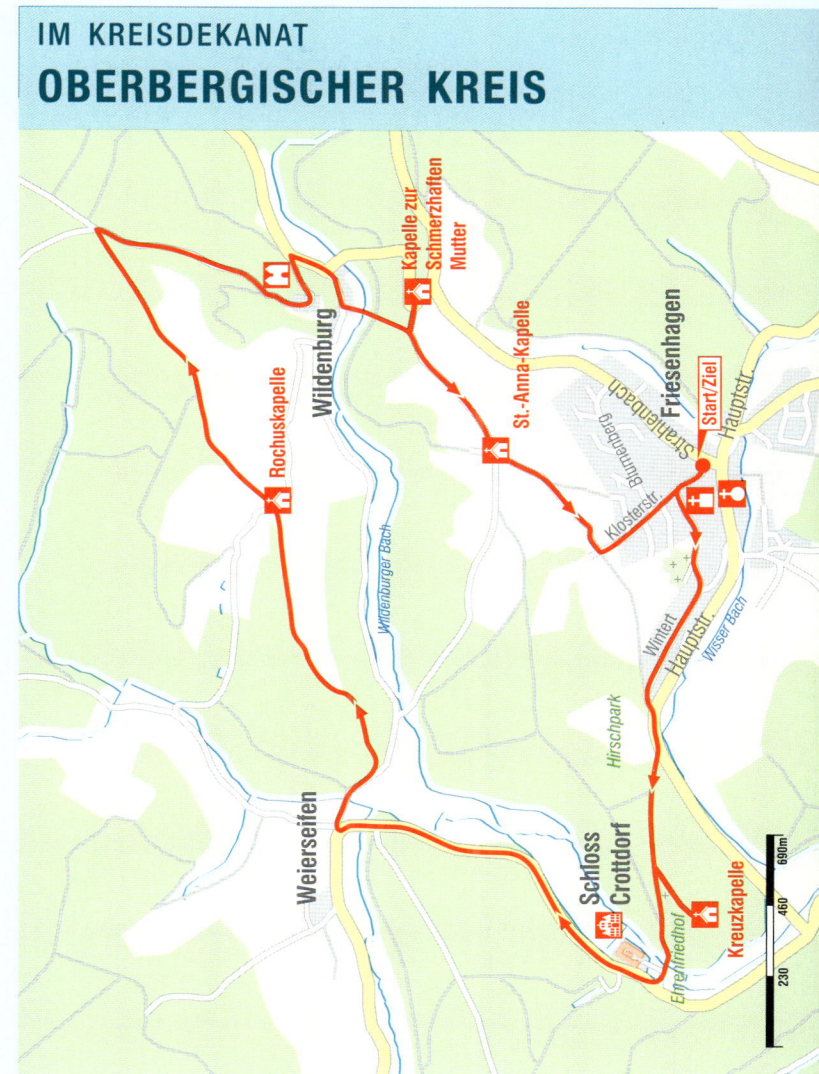

Links: Die Kirche St. Sebastianus

Die Kapellen-Route um Friesenhagen

Lage

Friesenhagen, das zur Verbandsgemeinde Kirchen gehört, liegt inmitten des Wildenburger Lands im äußersten Norden von Rheinland-Pfalz. Die katholische Kirchengemeinde St. Sebastianus ist dem Kreisdekanat Oberbergischer Kreis/Bereich Gummersbach/Waldbröl zugeordnet.

Anfahrt

Pkw: von Köln die A 4 bis AS Eckenhagen, dort in Richtung Wildberghütte, weiter über Crottorf bis Friesenhagen; von Süden die B 62 bis Wissen, dann über die Landstraße Richtung Morsbach, von dort nach Friesenhagen

ÖPNV: von Köln (Hbf) mit der Regionalbahn bis Bahnhof Kirchen/Sieg, dort weiter mit dem Bus nach Freudenberg, dann umsteigen nach Friesenhagen; Fahrtzeit ca. 160 Minuten (Auskunft unter Tel. 01803/50 40 30)

Start- und Zielort

Die Ortsgemeinde Friesenhagen mit ihren insgesamt 1.800 Einwohnern liegt im Herzen des Wildenburger Lands im Landkreis Altenkirchen. Die zum Erzbistum Köln gehörende katholische Kirchengemeinde St. Sebastianus grenzt an das Erzbistum Paderborn. Das Dorf Friesenhagen selbst hat rund 800 Einwohner und ist von vielen kleineren Gemeinden und Einzelgehöften umgeben. Die Fachwerkhäuser, die barocke Pfarrkirche St. Sebastianus und das ehemalige Franziskanerkloster bilden einen harmonischen Ortskern. Etwa zwei Drittel der Gemeindefläche in der Mittelgebirgslandschaft sind bewaldet, ein Drittel dient der landwirtschaftlichen Nutzung. Die gesamte Region ist – historisch betrachtet – eng mit dem Fürstenhaus von Hatzfeldt-Wildenburg verbunden. Auch der Franziskanerorden hat im Wildenburger Land seine Spuren hinterlassen.

Dauer

Wegen der interessanten Besichtigungspunkte ca. 3 Stunden

Länge

8,5 Kilometer

Varianten

Da Friesenhagen inmitten eines bevorzugten Wandergebiets liegt, kann die Wanderung z. B. um einen Besuch in Freudenberg erweitert werden. Auch die Besichtigung des Wasserschlosses Crottorf bietet sich an (Öffnungszeiten: 1. April bis 31. Oktober Fr, Sa, So 11–17 Uhr, Eintritt: Erwachsene 2,-Euro, Kinder und Gruppen 1,- Euro, Auskunft unter Tel. 02742/93 29 10).

Wanderkarte

„Wandern im nördlichen Rheinland-Pfalz", 1:25.000; vereinfachte Übersichtskarte der „Kapellenwanderung" auch im Internet unter **www.kirchen-sieg.de** (–> Orstgemeinde Friesenhagen)

Einkehrmöglichkeiten

In Friesenhagen *Schlosskeller*, Tel. 02734/32 73, **www.schlosskeller-friesenhagen.de**, *Gasthof Spitz*, Tel. 02734/43 49 31, in Crottorf *Wildenburger Hof*, Tel. 02734/99 11 29

Internet

www.erzbistum-koeln.de
www.kirchen-sieg.de (–> Ortsgemeinde Friesenhagen)
www.rheinland-pfalz-takt.de

BIS HINAUF ZUR
„Roten Kapelle"

Zunächst ist es gar nicht so leicht, an diesem sonnigen Morgen vom alten Ortskern in Friesenhagen den Start des 8,5 Kilometer langen Kapellenwanderwegs ausfindig zu machen. So wählen wir vom Parkplatz aus den leichten Anstieg zur markanten Barockkirche und gehen entlang der Bruchsteinmauer bis in Höhe des ehemaligen Franziskanerklosters. Dort biegen wir nach links ab und befinden uns auf der „LandFrauen-Route". Diese wurde im Mai 2007 von Mitgliedern des Landfrauenverbands ausgearbeitet. Die Bezeichnung wird uns zu insgesamt

Die „Rote Kapelle" auf dem Blumenberg

Die Kreuzkapelle auf dem Schnabelberg

vier Kapellen, zum Wasserschloss Crottorf und zur Wildenburg führen. Da leider immer wieder Markierungen verschwinden, wie die stellvertretende Vorsitzende des örtlichen Landfrauenverbands, Karin Oesterhelt, die an der Konzeption der Route selbst mitgearbeitet hat, beklagt, ist die Orientierung manchmal etwas schwierig.

Unterhalb des Gemeindefriedhofs gehen wir im Ortsteil Wintert durch die Wohnstraße leicht bergab. Diese stößt hinter den letzten Häusern auf die Landstraße im Tal. Hier entdecken wir weitere Streckenhilfen für den Kapellenwanderweg: Neben dem weißen Rautezeichen auf schwarzem Quadrat begegnet uns nun immer wieder auch die bekannte gelbe Muschel auf blauem Grund, denn durch die Gemeinde Friesenhagen führt der 166 Kilometer lange Jakobsweg von Marburg nach Köln.

An der Landstraße wandern wir nach rechts und nutzen den mit Leitplanken gesicherten Fußgängerweg. Nach ein paar Minuten ist die rechts abzweigende Wegmündung hinauf zum bewaldeten Schnabelberg zu erkennen. Der jetzt folgende steilere Anstieg führt an den „Sieben Fußfällen" vorbei. Diese Kreuzwegstationen wurden im 17. Jahrhundert von Franziskanermönchen geschaffen. Bald erreichen wir, an der rechten Seite angelegt, einen kleinen Gedenkfriedhof. Von hier aus ist auf dem Gipfelplateau die Kreuzkapelle zu erkennen, die Gräfin Anna Elisabeth von Hatzfeldt im Jahr 1701 erbauen ließ. Der quadratische Anbau, das Hatzfeldtsche Mausoleum, entstand 1895.

Hinter dem Gedenkfriedhof folgen wir den Wanderzeichen nach links. Die Einmündung führt uns auf einen schmaleren Pfad, der kurze Zeit später steil bergab – auf der rechten Seite durch Zaun und Holzgeländer gesichert – ins enge Tal des Wildenburger Bachs führt. Hin und wieder ist bei dem Abstieg trotz des dichten Baumbestands rechtsseitig das bestens erhaltene und gepflegte Wasserschloss Crottorf, erbaut im 16. Jahrhundert, zu sehen. Über die abwechslungsreiche Geschich-

Wegweiser entlang dem Kapellenweg

Wasserschloss Crottorf

te dieses fürstlichen Anwesens derer von Hatzfeldt informiert eine bebilderte Broschüre, herausgegeben von der katholischen Gemeinde St. Sebastianus und geschrieben von Horst G. Koch. Das Heft wird für 2,50 Euro am Schriftenstand der Pfarrkirche in Friesenhagen angeboten. Eine lohnende Investition!

Hinter Crottorf geht es etwa einen Kilometer die Talstraße entlang bis zu einer Kreuzung. Dort biegen wir rechts ab in Richtung Wildenburg. Hinter der Bach-Brücke zeigen die Wandermarkierungen nach links einen Waldweg hinauf. Die Mühe des Aufstiegs zum Rolsberg lohnt, denn bald erreichen wir die winzige Rochus-Kapelle. Sie wurde, ebenfalls von Franziskanern im 17. Jahrhundert, vermutlich deshalb erbaut, weil zu dieser Zeit auch im Wildenburger Land die Pest wütete – und bekanntlich gilt Rochus als der „Pestheilige". An diesem Ort genießen wir die weite Aussicht: Halblinks sehen wir die Wildenburg und rechts davon die „Rote Kapelle", die wir gegen Ende der Rundwanderung erreichen werden. Weil jetzt sozusagen Halbzeit ist, bietet sich eine Rast an.

Wir bleiben auf dem Höhenweg und erreichen nach etwa einem Kilometer eine Kreuzung. Jakobsmuschel, LandFrauen-Route und die Raute weisen zuvor auf den Weg „X 19", der rechts leicht bergab zu der mächtigen Wildenburg führt, deren gut erhaltener Bergfried 20 Meter in den Himmel ragt. Die im 12. Jahrhundert erbaute Anlage wurde bis 1418 vom Wildenburger Adelsgeschlecht bewohnt.

Entlang der dicken Burgmauern und durch Torbögen führt die Strecke jetzt hinab zum Ortsteil Wildenburg. Unten im Tal geht es scharf rechts weiter, hinter dem Ortsausgang schlängelt sich die schmale Straße jedoch wieder steil bergauf. Be-

Die Wildenburg

Natur pur im Wildenburger Land

vor wir nach rechts auf eine für den Autoverkehr gesperrte Feldstraße einbiegen, sehen wir links am Waldrand die Kapelle „Zur Schmerzhaften Mutter". Von dort wandern wir zurück in Richtung der Feldstraße und entdecken schon bald den Blumenberg mit der Anna-Kapelle, im Volksmund die „Rote Kapelle" genannt. Sie wird von einer fast 400 Jahre alten Linde überschattet. Einer Holztafel entnehmen wir, warum dieser sakrale Ort gleichsam Gedenkstätte ist. Unter der Überschrift „Am Lindchen" steht: „Hier war die Hinrichtungsstätte während der Wildenburger Hexenprozesse (1613–1652). Die ‚Rote Kapelle' wurde zu Ehren der Hl. Anna im 17. Jahrhundert erbaut. Die Besucher werden gebeten, die Würde dieses Ortes zu wahren." In der erwähnten Broschüre von Horst G. Koch können wir nachlesen, dass der Hexenverfolgung im Wildenburger Land in der ersten Hälfte des 17. Jahrhunderts mehr als 200 Menschen zum Opfer fielen. Sie wurden für jegliche Not wie Missernten oder Krankheit verantwortlich gemacht und nach Einkerkerung, Folterungen und erzwungenen Geständnissen auf dem Blumenberg oberhalb von Friesenhagen bei lebendigem Leibe verbrannt. Hexenwahn!

Die Wanderung neigt sich dem Ende zu. In Richtung Westen sieht man das mächtige Votiv-Kreuz aus dem Jahr 1917, das die Einheimischen trotz tiefster Not auch deshalb errichteten, weil sie während des Ersten Weltkriegs von größeren Zerstörungen verschont wurden. Nach zehn Minuten erreichen wir schließlich wieder den Ortskern von Friesenhagen.

Die Rochus-Kapelle

Fachwerk und Barock

Egal, aus welcher Richtung der Ortseingang von Friesenhagen erreicht wird – schmucke Schilder heißen die Besucher überall herzlich willkommen und versprechen „Entspannung und Erholung". Der Ortskern lockt mit seinen gut erhaltenen Fachwerkfassaden und der gelb leuchtenden Barock-Kirche St. Sebastianus; in diesem Dorf gibt es Interessantes zu entdecken.

Die gesamte Region im Nordzipfel von Rheinland-Pfalz ist bis heute vom Fürstenhaus von Hatzfeldt-Wildenburg geprägt. So befindet sich in Friesenhagen das Grab der renommierten Journalistin und ehemaligen „Zeit"-Herausgeberin Gräfin Marion Dönhoff, die im März 2002 auf dem nahe gelegenen Schloss Crottorf, dem Sitz ihres Neffen Hermann Graf Hatzfeldt-Wildenburg-Dönhoff, verstarb.

Auch die Franziskaner von Wildenburg, die im Jahr 1636 von Limburg aus nach Friesenhagen kamen, haben bis zur Zeit der Säkularisation ihre Spuren hinterlassen. So schufen sie in der ländlichen Umgebung zahlreiche religiöse Gebets- und Gedenkstätten, und sie waren für die Seelsorge zuständig.

Die heutige Barockkirche von Friesenhagen mit ihrer beeindruckenden Innenausstattung hatte einen Vorgängerbau in romanischem Stil. Erstmals erwähnt ist die Pfarrkirche im Jahre 1131. Weil sich das Gotteshaus später als zu klein erwies und zudem vom Verfall bedroht war, wurde zu Beginn des 18. Jahrhunderts mit der Errichtung der Barockkirche begonnen, die nach einem Brand im Jahr 1751 nochmals erneuert werden musste. Auch Elemente der Gotik lassen sich entdecken, die ebenfalls veranschaulichen, dass die Kirche eine wechselvolle Geschichte mit vielen Umbauphasen erlebt hat.

Das Kircheninnere lässt den Besucher staunen. So stammt der barocke Hochaltar aus dem Jahr 1696 von dem Attendorner Bildhauer Peter Sasse. Rechts vom Chorraum ist die Kanzel angebracht. Dahinter befindet sich die Franziskuskapelle. Einen Blickfang stellt linksseitig die „Wildenburger Madonna"

Die Barockkirche von Friesenhagen

dar, eine um das Jahr 1500 aus Sandstein gefertigte Arbeit. Die
Grafenkammer, vom Altarraum mit einem barocken Schmiede-
gitter getrennt, ist ebenfalls eine Besonderheit dieses Gotteshauses.

Oberhalb der Barockkirche befindet sich in Sichtweite die
im Jahr 1749 erbaute Franziskanerresidenz – von den Einheimischen „Kloster" genannt –, die ursprünglich eine Bruchstein-
fassade besaß. Da in der Zeit während und nach der Reformation im Wildenburger Land die Konfessionszugehörigkeit
häufig wechselte, übten die Franziskaner in der gesamten Region hinsichtlich des katholischen Glaubens eine stabilisieren-
de Funktion aus. Mit dem Ende des Wirkens der Mönche in Friesenhagen im Jahr 1814 waren die Erzbischöfe von Köln für die
Einsetzung der Geistlichen zuständig – wobei dem Geschlecht
derer von Hatzfeldt bis heute das sogenannte Patronatsrecht,
also das Recht der Mitsprache, erhalten geblieben ist.

Von **Marienthal** auf den **Sonnenweg**

IM SEELSORGEBEREICH
WESTERWALD

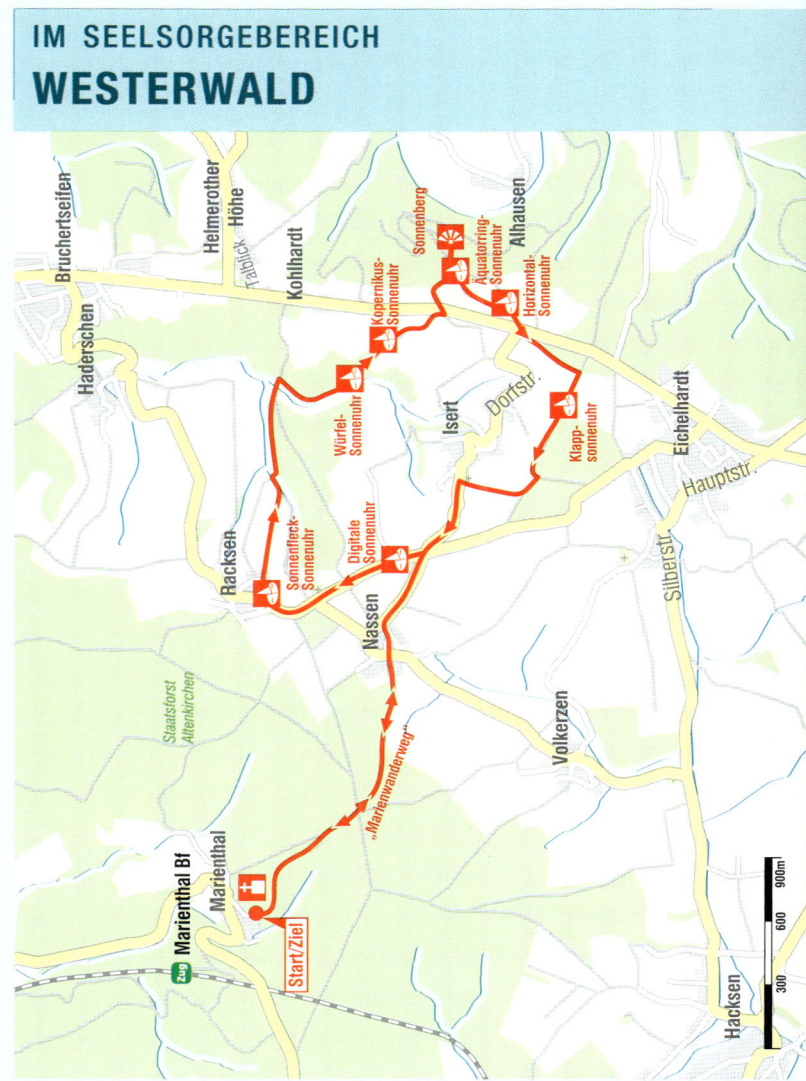

Links: Die „Äquatorring-Sonnenuhr"

Von Marienthal auf den Sonnenweg

Lage

Die Klosterkirche „Zur Schmerzhaften Mutter" in Marienthal gehört innerhalb des Kreises Altenkirchen/Wissen dem Seelsorgebereich Westerwald an. Der Wallfahrtsort liegt in Rheinland-Pfalz.

Anfahrt

Pkw: von Köln die A 3 bis AS Siegburg, dort die A 560 bis Hennef, die B 8 weiter bis Altenkirchen, kurz hinter dem Ortsausgangsschild rechts auf die Umgehungsstraße (Richtung Gummersbach, Hachenburg), dann nach ca. 2 Kilometern der Beschilderung Marienthal folgen; oder die A 45 bis AS Siegen, dort die B 62 bis Hamm/Sieg, dann der Ausschilderung folgen bzw. die A 4 bis AS Reichshof-Denklingen, weiter nach Waldbröl, vor dem Ortsausgang links Richtung Altenkirchen, durch Rosbach und Au/Sieg, dann der Beschilderung folgen

ÖPNV: von Köln (Hbf) mit der Regionalbahn nach Au/Sieg und weiter Richtung Altenkirchen zur Bedarfshaltestelle Marienthal (Da dort nicht jeder Zug hält, sollte dem Zugführer der Zielort Marienthal mitgeteilt werden!), dann zu Fuß ca. 15 Minuten steil bergan bis Kloster Marienthal

Start- und Zielort

Marienthal liegt im Westerwald und ist Bestandteil der Ortsgemeinde Hilgenroth. Diese gehört zum Landkreis Altenkirchen. Die Klosteranlage ist heute eine Bildungsstätte der Erzdiözese Köln innerhalb der Region Rheinland-Pfalz. Die Gegend um Marienthal in Richtung Kroppacher Schweiz grenzt an das Bistum Limburg. Anziehungspunkt des traditionsreichen Wallfahrtsorts ist die Klosterkirche „Zur Schmerzhaften Mutter".

Dauer

Wegen des Abstechers nach Nassen (insgesamt 4 Kilometer) und der interessanten Informationen entlang der 6-Kilometer-Rundwanderung ca. 3 bis 4 Stunden

Länge

10 Kilometer

Varianten

Wer auf den „Sonnenweg" verzichtet, kann auch die alte Pilgerstrecke durch die Kroppacher Schweiz von Marienthal (Erzbistum Köln) bis zur Abtei Marienstatt (Bistum Limburg) wählen (22,5 Kilometer). Die Rückfahrt ist per Bahn möglich; ca. 15 Minuten Fußweg von der Abtei Marienstatt entfernt befindet sich die Haltestelle Hattert.

Wanderkarte

„Ferienland Westerwald", Blatt 1 (West), 1:25.000 oder: „Wandern im nördlichen Westerwald" (Blatt 1), VG Altenkirchen, 1:25.000, LVA Rheinland-Pfalz

Einkehrmöglichkeiten

Hotel-Restaurant *Haus Elisabeth*, Tel. 02682/37 14, **www.haus-elisabeth-marienthal.de**, *Waldhotel Imhäuser*, Tel. 02682/271, **www.waldhotel-imhaeuser.de**, Hotel *Marienthaler Hof*, Tel. 02682/220, **www.marienthaler-hof.de**

Internet

www.erzbistum-koeln.de
www.kloster-marienthal.eu
www.vg-altenkirchen.de

FERNBLICK IN DIE
Kroppacher Schweiz

Der Name „Sonnenweg" hält an diesem herrlichen Frühlingstag gleich in zweifacher Hinsicht, was er verspricht: Zum einen strahlt die Sonne von einem blauen Himmel, zum anderen führt diese sechs Kilometer lange Rundwanderstrecke, deren Startpunkt sich knapp zwei Kilometer von Marienthal im Dorf Nassen befindet, an insgesamt sieben Sonnenuhren vorbei.

Ausgangspunkt der Wanderung ist der große Parkplatz am Ortseingang von Marienthal. Von dort gehen wir mit genügend Mineralwasser und etwas Proviant im Rucksack in Richtung Klosterpforte, vor der wir auf das Zeichen „Marienwanderweg" treffen. Wir folgen diesem nach links steil bergan. Das rechtsseitig gelegene Klosterareal ist wegen der hohen Einfriedung kaum einsehbar, doch wir werden die Kirche mit der Gnadenbild-Kapelle und dem Wald-Kreuzweg nach der Wanderung noch aufsuchen.

Blick in die Kroppacher Schweiz

Die „Würfel-Sonnenuhr"

Bald ist die erste Anhöhe des Marienwanderwegs erreicht. An der Wegkreuzung mitten im Wald gehen wir geradeaus und folgen dem Schild mit der Aufschrift „Abt. Marienstatt" in gelber Farbe auf schwarzem Grund. Nach dem ersten Weg-Kilometer müssen wir eine schmale Teerstraße überqueren, hinter der nach wenigen Metern an einer Gabelung der auch mit „K" gekennzeichnete Marienwanderweg links abbiegt. Kurz darauf erreichen wir den Waldsaum mit einem herrlichen Fernblick. An der nächsten Weggabelung folgen wir dem Pfad links in Richtung Nassen und durchqueren den Ort auf der Dorfstraße, an deren Ende es rechts abgeht und kurz danach wieder links zur Straße K 42, an der wir links in Richtung Racksen abbiegen. Wenig später gelangen wir an das oberhalb von Nassen gelegene Bürgerhaus Isert/Racksen, den Ausgangspunkt des „Sonnenwegs". Hier ist bereits die erste der uns erwarteten Sonnenuhren zu bestaunen, die im Jahr 2004 im Rahmen eines Schulprojekts erstellt wurden. Auf einer Informationstafel wird anschaulich beschrieben, wie diese Uhren funktionieren. Darüber hinaus erfahren wir unterwegs dank weiterer Info-Tafeln eine Menge Wissenswertes über den Planeten Sonne, sodass diese Themenwanderung auch für Kinder zu einer aufregenden Entdeckungstour wird.

Vom Bürgerhaus folgen wir der Straße weiter in nördlicher Richtung bis nach Racksen. Das speziell entwickelte Wanderzeichen (gelbe Sonne auf schwarzem Grund) zeigt in der Ortsmitte nach rechts. Hier gehen wir leicht bergab und erreichen auf der rechten Seite die „Sonnenfleck-Sonnenuhr", seinerzeit von der Klasse 9/10 der Hauptschule Altenkirchen geschaffen. Auf der kleinen Straße folgt eine Linkskurve, danach geht es rechts bergab und geradeaus an einer Info-Tafel vorbei, dann einen Wiesenweg hinunter, der an einem Bachlauf endet. Wir gehen jedoch schon kurz davor nach links auf eine Birkengruppe mit Schuppen zu. Hier führt der Wanderpfad rechts über den Bach und stößt auf einen breiteren Querweg, dem wir nach links – entlang des Wasserlaufs – bis ins Tal folgen. Dieser Streckenverlauf gehört zur Route des Westerwald-Steigs. Dessen offizielle Markierung (grünes W auf weißem Grund) ist eine willkommene Hilfe; denn das gelbe Sonnenzeichen ist auf den nächsten zwei Kilometern hier und da wohl abhanden gekommen.

Sonnen-Steckbrief am Sonnenweg

Im Tal geht es rechts wieder leicht bergan. Bald sieht man auf der rechten Seite eine „Würfelsonnenuhr", die von Mitarbeitern der Verbandsgemeinde Altenkirchen erstellt wurde. Falls die höher stehende Mittagssonne mitspielt, zeigt ein spitz zulaufender Schattenkeil die Uhrzeit exakt an. Danach setzen wir den Weg fort, der halblinks bergan führt. Die „Ko-

Wegweiser nach Marienthal

pernikus-Sonnenuhr", von Schülern der Berufsfachschule Betzdorf-Kirchen gebaut und aufgestellt, liegt etwas versteckt auf
der linken Seite am Ende einer Tannenschonung. Ab hier hilft
die Beschilderung des Westerwald-Steigs, den kurvigen Weg
über eine saftige Wiese bis hinauf zur B 256 zu finden. Beim
Überqueren der stark befahrenen Straße ist Vorsicht geboten!

Auf dem Feldweg, der von der Straße bis zum Waldsaum
führt, flaut der Verkehrslärm wieder ab. Vor dem Wald müssen
wir rechts abbiegen und erreichen bald einen quer verlaufenden Hauptwanderweg mit vielen Hinweisschildern. Bevor wir
die „Äquatorring-Sonnenuhr" auf der rechten Seite in Augenschein nehmen – ein Projektbeitrag von Schülern der Altenkirchener Gemeinschaftswerkstatt Westerwald –, lohnt der Abstecher (den Hauptweg nach links, dann gleich wieder rechts)
auf das Höhenplateau des „Sonnenbergs". Dort lädt ein gepflegter Platz mit Bänken und Tisch direkt am Steilhang des
Bergs unter schattigen Laubbäumen zur Rast ein. Und wir
werden für den kleinen Umweg mit einem beeindruckenden
Fernblick ins Wandergebiet der Kroppacher Schweiz, durch das
auch der Marienwanderweg führt, belohnt.

Zurück an der Wegkreuzung folgen wir wieder den Markierungen des Marienwanderwegs in Richtung Marienthal. Nach dem Schauobjekt Nummer 5 befindet sich gleich an der B 256 eine „Horizontal-Sonnenuhr", die ebenfalls von Hauptschülern aus Altenkirchen geschaffen wurde. Auf der anderen Seite der B 256 biegt der Wanderweg scharf nach links ab, verläuft zunächst ein kurzes Stück parallel zur Bundesstraße, führt dann aber von ihr weg. Am nächsten Querweg biegen wir rechts ab und erreichen die „Klappsonnenuhr", die wiederum auch von Mitarbeitern der Verbandsgemeinde berechnet und erstellt wurde. Danach folgen wir weiterhin immer der Markierung „Marienwanderweg" und entdecken nach der Überquerung der K 42 rechts wieder das Dorf Nassen, in dem der „Sonnenweg" endet. In Blickrichtung rechts können wir von der Höhe aus den Ausgangspunkt der Rundstrecke erkennen. Von hier aus wandern wir zurück nach Marienthal.

Kloster Marienthal

Gnadenbild
und Wald-Kreuzweg

Nach der Anstrengung der Wanderung ist der fast 600 Jahre alte Wallfahrtsort Marienthal der richtige Platz, um zu innerer Ruhe zu finden. Die gut erhaltene Klosterkirche mit der Gnadenbild-Kapelle, der Pilgerplatz vor dem Gotteshaus und vor allem die Kreuzwegstationen im angrenzenden Waldgelände sind Orte, die Menschen von nah und fern das ganze Jahr über anziehen.

Hermann Wessler, engagierter Hobby-Heimatforscher und Besitzer des Hotel- und Restaurantbetriebs „Haus Elisabeth" gleich gegenüber der Klosteranlage, schreibt in der von ihm verfassten Chronik über die Geschichte und heutige Bedeutung dieses Wallfahrtsorts: „Marienthal – das ist wie ein Traum. Jeder ahnt es, den sein Weg einmal in dieses stille Tal geführt hat, weitab von Keine-Zeit-Haben und Unrast: dies ist ein Platz für Wunder. Spätestens hier, wo er den Ort Jahrhunderte langer Besinnlichkeit erreicht, hält der Besucher inne. Wer wollte sich schon dem Zauber dieses verschlafenen Fleckens entziehen – ob er ihn nun aus religiösen Gründen aufsucht oder ‚nur so', aus Lust an Natur und Stille …"

Die Anfänge Marienthals, in einer Legende überliefert, beginnen mit einem frommen Hirten. Dieser soll hier vor fast 600 Jahren ein Bild der Muttergottes, der „Schmerzhaften Mutter", geschnitzt haben. Es bekam seinen Platz unter dem Laubdach einer hohen Eiche, und den jungen Hirten zog es immer wieder zu diesem Bildnis hin. „Sein frommer Sinn ward durch mannigfache Gnadenerweise des Himmels belohnt", heißt es in der Legende. Das sprach sich herum; und weil auch sonst noch von vielen Wundern, die an dieser Stelle geschehen sein sollen, die Rede war, zogen immer mehr Menschen in das stille Tal zu dem Bildnis der Gottesmutter.

In seiner Chronik, die am Schriftenstand der Klosterkirche ausliegt, schreibt Hermann Wessler, der sich in seinen Ausführungen erklärtermaßen auf das im Jahr 1926 erschienene und inzwischen vergriffene Buch „500 Jahre Marienthal" von Pfar-

Ort des Gebets und der Besinnung

rer Jakob Wirtz beruft, anschaulich über die wechselvolle Geschichte dieses Orts und seiner Marienverehrung. Zunächst waren es die Zisterzienser, dann zwischen 1664 und 1813 vor allem die Franziskaner und schließlich die Lazaristen, die in und um Marienthal missionarisch wirkten und ihre Spuren hinterließen. Die knapp 40-seitige illustrierte Broschüre des Hobbyforschers führt auch die konfessionellen Auseinandersetzungen in der Zeit der Reformation vor Augen. Zudem informiert sie über die Irrungen und Wirrungen des 30-jährigen Kriegs, über die Auswirkungen der Säkularisation und darüber, wie dieser beschauliche Ort die barbarische Nazi-Herrschaft überlebte.

Auf dem Marienthaler Wald-Kreuzweg

Marienthal war und ist eine Stätte besonderer Marien-Fröm-migkeit. Es wird davon ausgegangen, dass die Darstellung Marias mit dem Leichnam Christi auf dem Schoß, Pieta genannt, um das Jahr 1460 geschnitzt wurde. Das aus Lindenholz geschaffene Gnadenbild befindet sich seit 1969 in einer Nebenkapelle an der rechten Seite der Kirche. Auch das sogenannte kleine Gnadenbild, das gleich gegenüber in einer Wandnische auf der linken Seite untergebracht ist, wird von vielen Menschen aufgesucht. Die lebensgroße Franziskusstatue, eine Bronzeplastik aus dem Jahr 1992 auf dem kleinen Kloster-Friedhof, erinnert an das lange erfolgreiche Wirken der Franziskaner in Marienthal und an die hier verstorbenen Patres.

Ein weiterer Anziehungspunkt ist der mehrfach restaurierte Marienthaler Kreuzweg, der in der Schaffensperiode der Lazaristen zwischen 1853 und 1864 errichtet wurde. Die Leidensstationen, in Grotten, Felsnischen oder überdachten Steinbauten eingearbeitet, reihen sich entlang eines knapp 900 Meter langen Waldwegs hinauf zu einer Anhöhe. Dort ragt zwischen alten Bäumen als XII. Station ein Holzkreuz mit dem Gekreuzigten empor.

Gefragt nach der heutigen Bedeutung Marienthals, antwortete der zuständige Pfarrer Frank Aumüller unter anderem so:

„Anders als andere Wallfahrtsorte, entzieht sich das entlege-
ne Marienthal im Westerwald dem Blick des eilig Vorbeiziehen-
den. Es ist keine brodelnde Metropole, sondern ein Ort der
Beschaulichkeit, Innerlichkeit und Sammlung. Der Gnadenort
Marienthal wartet nicht mit imposanten Kirchenbauten und
dem dazu gehörenden Wallfahrtgetriebe auf; vielmehr ist es
die Schlichtheit und Verborgenheit, die diesen Ort seit fast
600 Jahren zum Anziehungspunkt für ungezählte Menschen
in all ihren Nöten, Ängsten und Sorgen machen. Im leidenden
Angesicht der Pieta kann der betende Betrachter seine eigene
Lebens- und Leidensgeschichte wiederfinden. Wie viele Menschen in all den Jahrhunderten bei der ‚Schmerzhaften Mutter' Kraft, Zuspruch und Trost gefunden haben mögen, weiß
nur Gott allein. Das ausliegende Fürbittenbuch jedenfalls zeigt
in berührender Weise, wie sehr die Menschen in all ihren Be-
drängnissen auch heute noch Hilfe und Trost bei der Gottesmutter suchen und finden."

Wallfahrtsort und Bildungsstätte

Der **Mühlenweg**
um **Asbach**

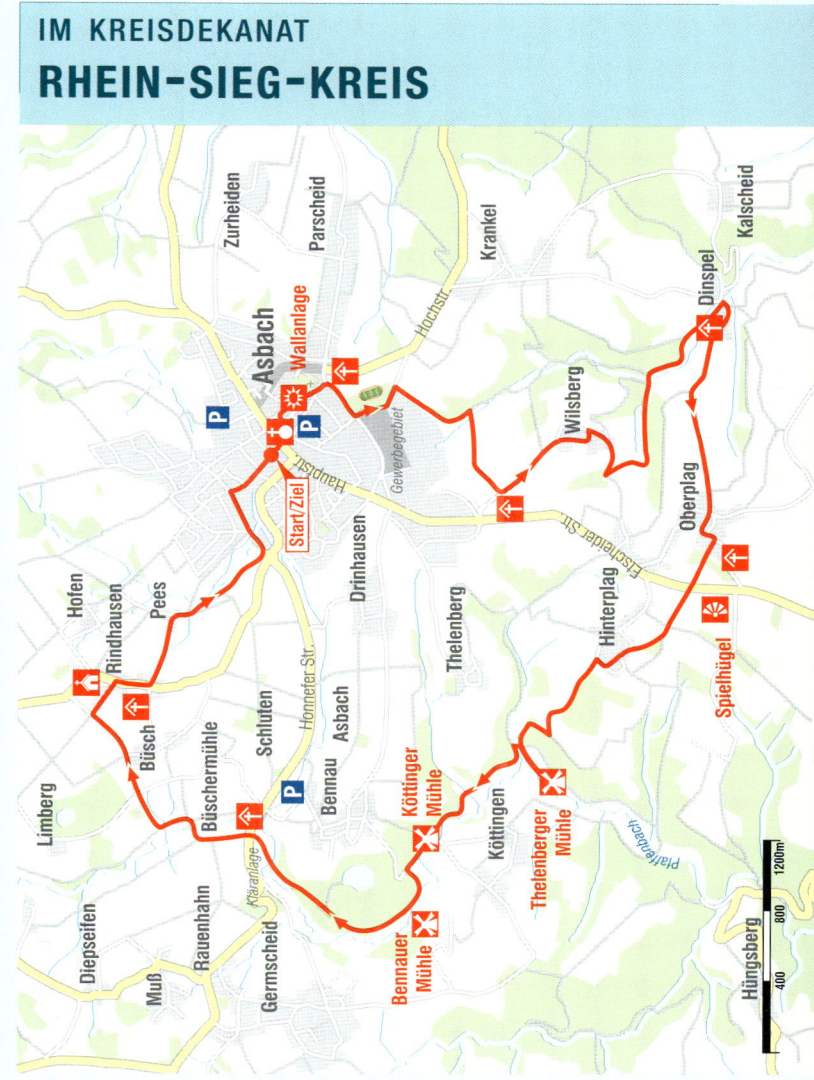

Links: Alter Mühlstein an der Thelenberger Mühle

Der Mühlenweg um Asbach

Lage

Asbach ist der Hauptort der gleichnamigen Verbandsgemeinde und liegt im sogenannten rheinischen Teil des Westerwalds in einer Mittelgebirgslandschaft. Die katholische Kirchengemeinde St. Laurentius gehört zum Kreisdekanat Rhein-Sieg-Kreis.

Anfahrt

Pkw: von Köln die A3 bis AS Bad Honnef/Linz/Asbach, dort der Beschilderung Asbach (9 km) folgen; Parkplatz direkt hinter der katholischen Kirche im Ortszentrum

ÖPNV: von Köln (Hbf) mit der Regionalbahn die Rheinstrecke bis Bahnhof Bad Honnef, dann mit dem Bus (ca. 20 km) bis Asbach; oder über die Siegstrecke bis Bahnhof Hennef und weiter mit dem Bus bis Asbach

Start- und Zielort

Das eigentliche Asbach hat rund 3.000 Einwohner, die gleichnamige Verbandsgemeinde 22.000. Die katholische Pfarrkirche St. Laurentius befindet sich im Ortszentrum und ist von einigen Fachwerkhäusern umgeben. Zahlreiche Wegekreuze inner- und außerhalb Asbachs bezeugen eine Volksfrömmigkeit, die in dieser Region des vorderen Westerwalds verankert ist. Der folgende Rundwanderweg am Rande des Erzbistums Köln liegt dicht an der Grenze zur Diözese Trier.

Dauer

Wegen der Besichtigungspunkte und der nicht immer leicht zu begehenden Wanderstrecke ca. 4 bis 5 Stunden

Länge

13 Kilometer

Varianten

Der „Mühlenweg" kann bei einem Umweg über den Ort Wilsberg um 3 Kilometer verlängert werden. Die Gemeinde Asbach bietet noch drei weitere neue Themenwanderungen an: den „Basaltweg" (Länge 10 km), den „Kapellenweg" (Länge 18 km) sowie den „Kirchspielweg" (Länge 14 km, Kurzstrecke 7,5 km).

Wanderkarte

Topografische Karte 1:25.000 – „Naturpark Rhein-Westerwald", Blatt 2 (Nord), Verbandsgemeinden Asbach und Flammersfeld

Einkehrmöglichkeiten

Hotel-Restaurant *Altes Kino*, Tel. 02683/94 72 87, **www.altes-kino-asbach.de**, Griechische Taverne *Zur Post*, Tel. 02683/45 20, Restaurant *Bürgerhaus*, Tel. 02683/429 27

Internet

www.erzbistum-koeln.de
www.gemeinde-asbach.de

DER MÜHLENWEG UND DIE
Marien-Kapelle

Von den vier Themenwanderungen (s. Varianten, S. 54), die von der Verbandsgemeinde Asbach angeboten werden, haben wir uns für den „Mühlenweg" (A 4) entschieden, der auf dem Parkplatz an der Wallstraße gleich hinter der ockerfarbenen Pfarrkirche St. Laurentius im Zentrum von Asbach beginnt. Wichtig: Für die 13 bzw. 16 Kilometer lange Strecke ist gutes Wanderschuhwerk notwendig, weil es mitunter auf schmalen Wiesenpfaden bergab und bergauf geht. Im Rucksack sollten auch eine große Wasserflasche, etwas Obst und ein paar Butterbrote nicht fehlen, denn Einkehrmöglichkeiten gibt es unterwegs keine.

Gleich zu Beginn der Tour weist eine Gedenktafel am Eingang des Parkplatzes auf den historischen Ursprung des Orts hin: eine Befestigungsanlage mit Wall und Graben, deren Entstehung zwischen dem 7. und 9. Jahrhundert vermutet wird. Reste dieser Anlage sind – obwohl mit hohen Bäumen bewach-

Die Thelenberger Mühle

Schlichtes Holzkreuz vor Wilsberg

sen – noch gut zu erkennen. Nach diesem Auftakt geht es nun rechts ab entlang der „Wallstraße" in Richtung Friedhof. An der ersten Querstraße biegen wir links und an der zweiten rechts ab. Halblinks befindet sich ein sehenswerter Prozessionsaltar. Die Route führt aber nach rechts in Richtung Gewerbegebiet. Bevor dieses beginnt, geht es links in die kleine Straße „Am Wäldchen", die auf dem Vorplatz zum Gebäude der „Asbacher Kinderwelt" mündet. Davor führt ein Schotterweg leicht bergan in Richtung Sportplatz, vor dem wir nach rechts über einen Wiesenweg wandern, der später breiter wird und ins Jägertal führt. Ein abwechslungsreicher, dicht bewaldeter Streckenabschnitt erwartet uns. Der Wanderweg verläuft immer weiter leicht bergab bis zur Ortschaft Dinspel. Lässt man den kleinen Abstecher nach Wilsberg aus, beträgt die Route 13 Kilometer.

Wir möchten jedoch Wilsberg, das einen Hofladen hat, noch erkunden und biegen vom Hauptwanderweg am Ende eines Wiesengeländes (ca. zwei Kilometer vor Dinspel) rechts ab. Der Pfad führt hinauf zur Wilsberger Straße (K 40), an der wir ein Flurkreuz aus Holz erreichen, hinter dem der Hofladen des Orts liegt. Vom Wanderpfad geht es links ab am Ortseingangsschild vorbei. Danach verläuft die Straße rechts durch Wilsberg bergab. Am Ortsende biegen wir in eine Seitenstraße links ab, die durch ein Hofgelände führt. Hinter einem burgähnlichen neueren Wohnhaus auf der rechten Seite führt der Wanderweg in mehreren Windungen wieder hinab ins Tal. Am nächsten Querweg geht es nach links und – in Sichtweite – an der nächsten Weggabelung nach rechts. Hier treffen wir wieder auf den Hauptwanderweg durchs Jägertal, und hinter der nächsten Biegung sind bereits die ersten Häuser von Dinspel zu erkennen. Auf einer Bank direkt an der Einmündung zur Straße lässt es sich gut rasten, bevor wir uns auf den zweiten längeren Abschnitt der Rundwanderung mit den Mühlen begeben.

Wir folgen der Straße scharf rechts bergan in Richtung Oberplag, an einem gepflegten Wegekreuz, überdacht von Birkengrün, vorbei. Am Ortsausgang wird die kaum befahrene Straße durch offenes Wiesengelände schmaler, und wir wandern über eine weit gezogene Linkskurve immer weiter bergan. Am Scheitelpunkt erblicken wir die Häuser von Oberplag. Beim Spielplatz folgen wir der Straße „Im Weidchen" weiter bergan bis zur nächsten Querstraße. Links befindet sich ein altes Wegekreuz, wir aber gehen rechts die Straße hinauf. Nach etwa 80 Metern knickt die Strecke rechts zwischen den Wohnhäusern zum Waldsaum ab. Wer mag, kann zuvor noch zum höchsten Punkt des Orts, zum „Spielhügel" gehen, der ehemals der Versammlungsplatz der Hofgemeinschaft war.

Bald überqueren wir – mit Vorsicht! – die stark befahrene L 255, auf deren anderer Seite sich halbrechts Hinterplag be-

Fachwerkromantik in Hinterplag

Haus der Natur am Pfaffenbach

findet. Von der Straße führt der zweite Weg rechts in den Ort mit seinen sehenswerten Fachwerkhäusern. Wir gehen bis zur Querstraße und folgen ihr nach rechts bergab. Hinter dem letzten Wohnhaus biegen wir links auf den Wanderweg. An der nächsten Gabelung führt der schmale Weg, gesäumt von Wiesen und Buschwerk, rechts ab in Richtung Tal. Kurze Zeit später müssen wir scharf nach links und nach einigen Minuten erneut scharf nach rechts einbiegen. Der steil bergab führende, anfangs schlecht zu erkennende Weg mündet unten vor einem Wiesengelände. Dort geht es nach links bis zu dem quer verlaufenden Hauptwanderweg.

Um die Thelenberger Mühle zu besichtigen, ein lohnender Abstecher, nutzen wir den Hauptweg entlang des Pfaffenbachs nach links. Nach fünf Minuten erreichen wir das schmucke Fachwerkareal der Mühle mit Teich, die sich heute in Privatbesitz befindet und nicht mehr in Betrieb ist. Nach der Besichtung des Geländes, die auf eigene Gefahr erfolgt, geht es den Hauptweg zurück. Wir passieren die Einmündung, von der wir gekommen sind. Kurz danach wandern wir links ab durch das reizvolle Tal in Richtung Köttinger Mühle. Zuvor kommen wir noch am „Haus der Natur am Pfaffenbach" vorbei. Danach erreichen wir bald die Querstraße K 42, die hinauf nach Bennau führt. Wir gehen nach links zur Köttinger Mühle, die sich hinter einem Gehöft befindet und zum Zeitpunkt, als wir diese Wanderung abgegangen sind, nur noch als Fachwerkgebäude ohne Zwischenwände existierte. Von der ehemaligen Ölmühle geht es auf der Straße links zurück, dann steil bergan bis zum Wegweiser „Bennauermühle". Von hier führt der Wanderweg links hinunter zurück ins Tal. Die bewohnte Mühle im Fachwerkstil ist ebenfalls außer Betrieb und nur vom Weg aus zu besichtigen.

Im weiteren Verlauf unserer Strecke durch den Wald geht es nun ständig bergauf bis zur befahrenen L 272, die wir wieder vorsichtig überqueren. Auf der anderen Seite gehen wir die Straße „Zur Büscher Mühle" weiter, wobei es die Mühle als Bauwerk jedoch nicht mehr gibt. Hinter dem letzten Haus setzt sich der Weg durch Wiesengelände fort. Bald geht es rechts ab über eine kleine Brücke. Am nächsten Querweg müssen wir nach links und dann den zweiten Feldweg nach rechts in

Wegweiser im Wald

Die Bennauermühle

Richtung Rindhausen. Im Schlussteil wird der Weg zu einer schmalen befestigten Straße. Fast am höchsten Punkt angekommen, erreichen wir die Häuser der Ortschaft. Wir gehen nach rechts in die Straße „An der Kapelle", an deren Ende sich auf der linken Seite der im September 1938 eingeweihte, liebevoll angelegte Sakralbau „Zu den Sieben Schmerzen Mariens" befindet – ein Ort der Besinnung, zumal das Ende der Wanderung kurz bevorsteht.

Anschließend gelangen wir an die quer verlaufende Rindhausener Straße. Es geht auf dem Fußweg rechts ab – vorbei an einem alten Wegekreuz – bis zur links abzweigenden Straße K 50 nach Pees. Von hier aus sehen wir bereits in der Ferne unseren Start- und Zielort Asbach mit der Pfarrkirche St. Laurentius. An der nächsten Querstraße geht es nach rechts – und dann folgen wir diesem Weg nach Asbach, wo wir uns in einer der Gaststätten im Ortszentrum mit einer Erfrischung stärken können.

Asbach und die Laurentius-Kirche

Asbach, im nördlichen Rheinland-Pfalz, liegt in einer abwechslungsreichen Mittelgebirgslandschaft. Der Ort selbst hat etwa 3.000 Einwohner. Die rund 1.000-jährige Geschichte Asbachs lässt sich im Schatten der Pfarrkirche St. Laurentius erahnen. Gleich hinter dem Gotteshaus ist eine ehedem bis zu 3 Meter hohe Befestigungsanlage erkennbar. Eine Informationstafel weist darauf hin, dass in dem geschützten „Geviert" zwischen dem 7. und 9. Jahrhundert eine kleine Siedlung bestanden hat. Dieses noch in Resten erkennbare Areal war ursprünglich 185 Meter lang und 160 Meter breit.

Die katholische Pfarrkirche St. Laurentius, von einigen Fachwerkhäusern umgeben, steht im Zentrum von Asbach, das

Die Asbacher Kirche St. Laurentius

Historische Befestigungsanlage
(Wall) der Freiheit und Veste Asbach

Der Wall sicherte ein Geviert
von ca.185 m Länge und ca.160 m Breite.
Bergseitig war die Befestigungsanlage
als Vor- und Hauptwall ausgebildet.
Ringsum verlief ein 3 m tiefer Graben.
Der Hauptwall hatte eine Höhe von ca.3 m
und eine Breite von 10 m an der Basis
und 2 m in der Krone.
Wo das Gelände ein Füllen des Grabens mit Wasser zuließ,
war auf dem Wall das Gebück angepflanzt.
Eine dicht verflochtene Dornen- und Weißbuchenhecke.
Die Entstehung der Wallanlage als karolingischer
Königshof wird im 7-9.Jahrhundert vermutet.

Informationen zur Stadtgeschichte

noch im Erzbistum Köln liegt. Nur wenige Kilometer weiter befindet sich die Grenze zum Bistum Trier. Allein der Kirchturm aus dem 12. Jahrhundert, in dem sich im ersten Stockwerk eine Turmkapelle befindet, belegt, dass dieses Gotteshaus ursprünglich im romanischen Stil errichtet worden war. Im Jahr 1871 wurde es durch einen neugotischen Bau ersetzt. Nach Bombenangriffen am Ende des Zweiten Weltkriegs wurde die Kirche erheblich beschädigt und wieder aufgebaut. Ein altes Taufbecken, um das Jahr 1180 aus Lütticher Sandstein geschaffen, erinnert noch an die alte Kirche. Mehrere Steinkreuze und Grabsteine aus dem 17. und 18. Jahrhundert, die rund um die Asbacher Pfarrkirche aufgestellt sind, weisen darauf hin, dass der alte Friedhof einst direkt neben dem Gotteshaus lag.

Der Blick in die Geschichte zeigt, dass Asbach sich ständig fortentwickelt hat. Bedeutend war, dass der Ort im Jahr 1790 durch den Kölner Kurfürsten Max Franz als dem zuständigen Landesherren die Marktrechte zugesprochen bekam. Auch die im Jahr 1892 erfolgte Eisenbahnanbindung schuf eine wichtige Verbindung der Region mit den Städten Bonn, Siegburg und Köln. Die Bröhltal-Eisenbahn, die 1921 in Rhein-Sieg-Eisenbahn umbenannt wurde, war ursprünglich für den Transport des hiesigen Basalt- und Erzabbaus gebaut worden. Der später beginnende Personenverkehr per Schiene wurde 1956 eingestellt, der Gütertransport von Asbach aus endete drei Jahre darauf. Heute besteht eine gute Verkehrsanbindung Asbachs nicht nur durch zahlreiche Buslinien, durch die neun Kilometer entfernte Autobahnanbindung zur A 3, sondern auch durch den nahen Köln-Bonner-Flughafen und die ebenfalls nicht weit entfernte ICE-Strecke mit den Bahnhöfen Siegburg und Montabaur. Auch als Einkaufsziel für die anderen Orte innerhalb der Verbandsgemeinde, als Schulstandort und als Verwaltungssitz hat Asbach zentrale Bedeutung. Weithin bekannt ist die seit 1965 in der Nähe des Ortszentrums bestehende Kamillus-Klinik mit der Fachabteilung für Neurologie und dem Schwerpunkt Multiple Sklerose.

In der näheren Umgebung gibt es zahlreiche interessante Besichtigungspunkte. Ob das Kreuzherrenkloster oder die Burgruine Ehrenstein bei Neustadt, die Florinus-Kapelle in Ütgenbach oder verschiedene Herrenhöfe – rund um Asbach lassen sich eine Menge lohnender Ziele entdecken.

Fachwerkhaus im Schatten der Kirche

Von **Unkel am Rhein** zum **St. Marienberg**

IM KREISDEKANAT
RHEIN-SIEG-KREIS

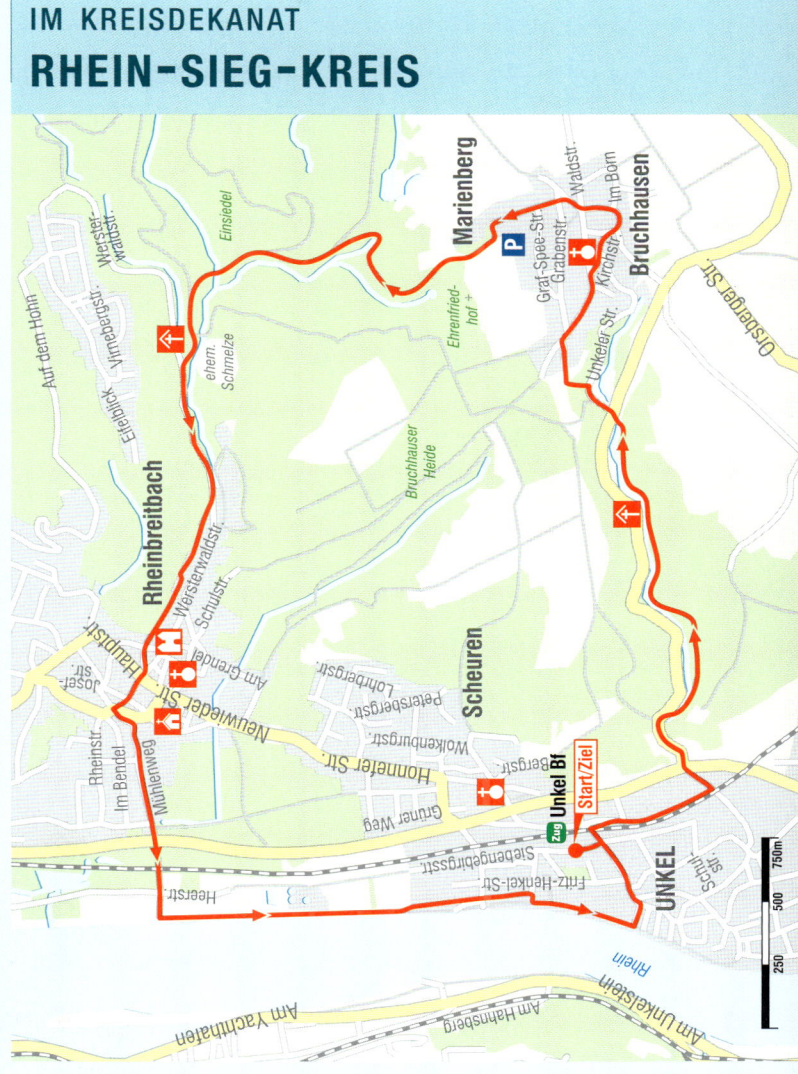

Links: Rhein-Gemütlichkeit in Unkel

Von Unkel am Rhein zum St. Marienberg

Lage

Das Wein- und Rheinstädtchen Unkel liegt im nördlichen Rheinland-Pfalz noch in Blickweite des Siebengebirges. Die katholische Pfarrgemeinde St. Pantaleon gehört zum Seelsorgebereich der Verbandsgemeinde Unkel, die dem Dekanat Königswinter zugeordnet ist.

Anfahrt

Pkw: von Köln die A 59 bis Bad Honnef, dann weiter über die B 42 bis Unkel; oder die A 555 bis Bonn, dann die A 565 bis Bonn-Beuel Nord, dort auf die A 59 in Richtung Königswinter/Bad Honnef, dann wie zuvor; aus dem Raum Leverkusen von der A 3 auf die A 59, dann wie zuvor

ÖPNV: von Köln mit dem Rhein-Erft-Express (RE 8) oder der Rhein-Erft-Bahn (RB 27); von Bonn/Siegburg mit der Stadtbahn (Linie 66) bis Endhaltestelle Bad Honnef, dann mit der Buslinie 565; oder per Schiff – mit der Personenschifffahrt Siebengebirge, mit der Köln-Düsseldorfer Rheinschifffahrt, mit der Bonner Personenschifffahrt

Start- und Zielort

Unkel, am südlichen Ende der Region Siebengebirge-Drachenfels gelegen, grenzt direkt ans östliche Rheinufer. Die katholische Pfarrkirche St. Pantaleon ist Teil des beeindruckenden Rheinpanoramas dieses Städtchens, das rund 5.000 Einwohner hat, davon ca. 55 Prozent Katholiken. Unkel, dem Erzbistum Köln zugehörig, liegt nahe an der Grenze zum Bistum Trier. Die Altstadt ist ein besonderer Anziehungspunkt; vor allem der Ortsteil Scheuren bietet ein intaktes Bild rheinischer Fachwerkbauten.

Dauer

Wegen etlicher Sehenswürdigkeiten in Bruchhausen und Rheinbreitbach ca. 3 bis 4 Stunden

Länge

11 Kilometer

Varianten

Der Kur- und Verkehrsverein Unkel e. V. bietet in Zusammenarbeit mit der Tourismus Siebengebirge GmbH eine sehr gute „Wanderkarte Unkel und Umgebung" mit einem Dutzend ausgearbeiteter und eingezeichneter Routenvorschläge (Strecken zwischen 4 bis 22 Kilometern) an, die man für eine Schutzgebühr von 1,50 Euro erwerben kann, (Tel. 02223/91 77 11, **www.siebengebirge.com**).

Wanderkarte

Topografische Karte 1:25.000 – „Naturpark Rhein-Westerwald", Blatt 1 (West), Verbandsgemeinden Bad Hönningen, Linz am Rhein und Unkel

Einkehrmöglichkeiten

In und um Unkel herum gibt es eine vielseitige Gastronomie, darunter Hotel *Scheurener Hof*, Tel. 02224/780 81, **www.scheurener-hof.de**, Weinhaus *Im Lämmlein*, Tel. 02224/31 79, **www.im-laemmlein.de**, in Rheinbreitbach *Burghotel Ad Sion*, Tel. 02224/98 30-0, **www.adsion.de**

Internet

www.erzbistum-koeln.de
www.siebengebirge.com
www.unkel.de

WALLFAHRTSORT UND
Rheinromantik

Schattige Waldpfade wechseln auf unserer Rundwanderung von Unkel mit sonnigen Feldwegen oberhalb des Rheintals, die uns beeindruckende Fernblicke ermöglichen. Dazwischen erwarten uns der Marienwallfahrtsort Bruchhausen, das zum Landkreis Neuwied gehörende Rheinbreitbach und der romantische Wanderweg entlang des Rheinufers zurück nach Unkel.

Ausgangspunkt unserer Wanderung ist die Parkmöglichkeit entlang der Siebengebirgsstraße am Rande von Unkel direkt an den Bahngleisen. An der quer verlaufenden Bahnhofstraße, die rechts nach Unkel hineinführt, gehen wir nach links durch die Unterführung, und dann folgen wir dem Zeichen „RV" in Pfeilrichtung rechts zur Straße „In der Persch" hinauf. Diese verläuft parallel zum Bahndamm und mündet bald in einen Fußweg, der von den Zuggleisen (rechts) und einem Bachlauf (links) gesäumt ist. Diesen Weg gehen wir bis zu einer Kreuzung, an der wir dem Wanderzeichen „Rheinsteig"

Idealer Ort zum Rasten – das Rheinufer

nach links folgen und über den Fußgängerüberweg sicher die andere Seite der stark befahrenen B 42 erreichen. An dieser Stelle zweigt von der Bundesstraße die L 252 in Richtung Bruchhausen ab.

Wir überqueren diese Landstraße und folgen auf dem parallel zu ihr verlaufenden Fußgängerweg dem Zeichen „1" in Richtung Bruchhausen. Es geht leicht bergan. Nach einer Rechtskurve überqueren wir in Höhe eines Wasserfalls die L 252 zur rechten Straßenseite. Der links vom Wasserfall mit einem Geländer gesicherte Waldweg durchs Hähnerbachtal

Die Wallfahrtskirche von Bruchhausen

schlängelt sich dann, immer in Hörweite der mal weiter, mal näher parallel zur Wanderstrecke verlaufenden Landstraße, in Richtung unseres ersten Zielorts Bruchhausen. Auf dem dicht bewaldeten Weg entlang dem Bachlauf geht es meist bergan. Wir nutzen mehrere Brücken und passieren ein Holzkreuz mit der Aufschrift „Herr vergib uns unsere Schuld". Den bald danach abzweigenden Schotterweg, der gegen Ende dieser Waldstrecke erreicht wird, lassen wir links liegen. Der Weg führt weiter geradeaus. Über Trittstufen gehen wir steil bergauf zu einem offenen Feld- und Wiesengelände mit rechtsseitig herrlichem Fernblick zu den Höhenzügen entlang dem Rheintal.

Gotische Madonna in der Wallfahrtskirche

Wir überqueren an der links abzweigenden Straße nach Bruchhausen die L 252 und erblicken gleich das Ortseingangsschild. Nach einer Biegung entdecken wir in einer Senke die von alten Fachwerkhäusern umgebene Pfarrkirche St. Johann Baptist des 900-Seelen-Dorfs. Dieses 2005 restaurierte Gotteshaus ist zugleich eine Marienwallfahrtskirche, die von vielen Wallfahrern aus der nahen und weiteren Umgebung aufgesucht wird. Zwei gotische Darstellungen der Gottesmutter, das auf Leinen gemalte Ölbild vom „Totentanz" im Eingangsbereich der Kirche und andere herausragende Kunstwerke machen diese Stätte gleichsam zu einem Ort des Betens und der Besinnung wie zu einem des kunstgeschichtlichen Erlebens. Übrigens besuchte am 10. Dezember 1995 der Kölner Kardinal Joachim Meisner diese Kirche „als Pilger", wie auf einer Informationstafel erwähnt ist. Anlass war der Jahrestag der Erhebung der Marienfigur „Zuflucht der Sünder" zur Wallfahrtsmadonna, die 250 Jahre zuvor Erzbischof Kurfürst Klemens August in Bruchhausen vorgenommen hatte.

Ort zum Innehalten

Vor der Kirche stehend, folgen wir anschließend rechts der Marienbergstraße hinauf, vorbei am historischen Winzerkeller auf der rechten Seite. Nach einer Linkskurve zeigt das gut sichtbare Schild „Kriegsgräberstätte" die weitere Richtung an. Wir gehen rechtsseitig an einem 1949 errichteten Marien-Bildstock vorbei und erreichen eine Bergwerkslore (rechts), die an die Schachtanlage St. Marienberg erinnert. Zwischen 1668 und 1874 wurde hier Kupfer abgebaut.

Wir gehen die Marienbergstraße weiter geradeaus und passieren rechts das Gestüt „Jakobshof". Vor einem gesicherten Parkplatz führt der Schotterweg nach links, dann gleich wieder nach rechts bis zum nächsten Querweg. Links geht es zur Kriegsgräberstätte, rechts erblicken wir einen Wegweiser mit mehreren Zielen. Wir folgen dem breiten Wanderweg durch

Hochwald in Richtung Rheinbreitbach. Dieser in vielen Windungen meist bergab führende Streckenabschnitt endet in Höhe der „ehemaligen Schmelze" an der Westerwaldstraße. Auf der rechten Seite der Wegmündung befindet sich ein großes Holzkreuz mit der Aufschrift „Lieber Wanderer lass Dir Zeit – sprich ein Gebet für die Ewigkeit".

Wir folgen der Straße links bergab. In Höhe der Tennisplätze nutzen wir den sicheren Pfad entlang der rechten Straßenseite. Der Weg führt – immer leicht bergab – rechtsseitig an einem Park, dann am Sportplatz sowie links an einem alten Wegekreuz vorbei. Gleich danach erreichen wir die spätgotische Pfarrkirche von Rheinbreitbach mit ihrem neueren Anbau. Rechts neben dem Haupteingang von St. Maria Magdalena befindet sich ein abgetrennter Gebetsraum mit einer Darstellung des heiligen Antonius. In Höhe der Kirche wird die Westerwaldstraße zur Kirchgasse. Dieser folgen wir bis zur quer verlaufenden Hauptstraße, an der sich ein Abstecher zur Leonarduskapelle lohnt. Dafür gehen wir die Hauptstraße links bergauf und erreichen nach wenigen Minuten rechtsseitig den im 16. Jahrhundert entstanden Sakralbau, der an einem katholischen Kindergarten liegt. In Sichtweite an der Schulstraße erblicken wir als Einkehrmöglichkeit das „Burghotel Ad Sion".

Wegekreuz in Rheinbreitbach

Unkel in Sichtweite

Von der Kapelle gehen wir die Hauptstraße zurück und biegen nach links in die Rheinstraße, der wir bis zum quer verlaufenden Maarweg folgen. Wir biegen nach rechts ab und erblicken sogleich das Hinweisschild für Fußgänger in Richtung Rhein, das nach links zeigt. Ein schmaler Pfad zwischen einem Wohnhaus (rechts) und einem Bachlauf (links) führt uns zum Fußgängerüberweg der B 42. Auf der anderen Straßenseite geht es geradeaus zu den Bahngleisen mit beschranktem Überweg. Die Strecke führt weiter geradeaus über eine schmale Straße. Nach gut 100 Metern müssen wir nach links abbiegen; auf der rechten Seite sehen wir am Rheinufer einen Campingplatz. Der schmale Pfad führt leicht bergab und mündet auf einem etwas breiteren Fußgängerweg. Wir passieren das Gartenlokal „Baumgarten" und erreichen den Promenadenweg mit Blick auf unseren Zielort Unkel. Vom Parkgelände gehen mehrere Straßen links ab direkt zu den Parkplätzen an der Siebengebirgsstraße.

Pfarrkirche mit Rheinblick

Es gibt viele Gründe, Unkel am Rhein wieder einmal aufzusuchen oder neu zu entdecken. Die Altstadtgassen des Rotwein-Städtchens, das sich am südlichen Ende der Siebengebirgsregion über einen langen Zeitraum entwickelt hat, verlocken zu gemütlichem Bummeln, die vielen Gasthäuser zur Einkehr. Die großzügige Rheinpromenade wirkt gepflegt; überall laden Parkbänke unter schattigen Bäumen dazu ein, die zahlreichen Rheinschiffe und Schleppkähne an sich vorbeiziehen zu lassen.

Die erste urkundliche Erwähnung dieses romantischen Orts am östlichen Rheinufer erfolgte bereits im Jahr 886. Schon frühzeitig entwickelte sich der Weinanbau bis ins 19. Jahrhundert hinein zu den wichtigsten Einnahmequellen. Die im 16. Jahrhundert errichtete Stadtmauer ist in Teilen noch zu erkennen, so sind zwei Türme dieser Anlage am Rheinufer erhalten, von denen einer als ehemaliger Gefängnisturm ausgewiesen ist. Hinter den dicken Mauern soll einst auch der junge Beethoven nach einer durchzechten Nacht eingesessen haben, was allerdings nicht gesichert ist. Zu besichtigen sind zudem großzügige Herrenhäuser, die gut betuchte Familien aus Bonn und Köln im 18. und 19. Jahrhundert hier als Sommersitze erbauen ließen.

Die Kirche St. Pantaleon

Ein Schmuckstück ist die katholische Pfarrkirche St. Pantaleon, eine spätgotische Hallenkirche mit romanischem Turm. Sie ist von einem Friedhof umgeben, der als einer der schönst gelegenen Grabanlagen entlang des Rheins gilt. Die Innenausstattung der Kirche, vor allem der barocke

Die St. Joseph-Kapelle in Unkel-Scheuren

Hochaltar, beeindruckt. Im Gotteshaus befindet sich die Kapelle der „Vierzehn-Nothelfer", zu denen der heilige Pantaleon als Patron der Kirche gehört, um dessen Fürsprache Gläubige, die selbst oder deren Angehörige unter starken körperlichen Schmerzen leiden, bitten. An vielen Stellen der Stadt wie in der näheren Umgebung begegnet man alten Wegekreuzen aus dem 17. und 18. Jahrhundert. Von der Frömmigkeit der Menschen zeugt auch das sogenannte Schutzengelhaus am oberen Markt, leicht zu erkennen an der als Eckfigur angebrachten „Madonna auf der Mondsichel".

Künstler, Schriftsteller, Politiker und Industrielle haben zeitweise oder auf Dauer in Unkel gelebt, darunter Ferdinand Freiligrath, der Dichter der Revolution. Friedrich Karl Henkel, der Gründer des Henkel-Konzerns, hatte hier seinen Sommersitz. Auch der Schriftsteller Stefan Andres lebte und arbeitete von 1950 bis 1961 in dem Rhein-Ort, und Ex-Bundeskanzler Willy Brandt verbrachte bekanntlich seine letzten Lebensjahre in Unkel. Was weniger bekannt ist: Auch Konrad Adenauer hielt sich in der Zeit des Nationalsozialismus vorübergehend im hiesigen Pax-Heim auf.

Wer ausreichend Zeit mitbringt, sollte auf jeden Fall den Ortsteil Scheuren mit der St. Joseph-Kapelle in der Dorfmitte aufsuchen. Die schlichte Sebastian-Kapelle im nahen Heister ist ebenfalls sehenswert, und von dort ist es auch nicht weit nach Erpel mit seinem mittelalterlichen Ortsbild und der 1230 erbauten St. Severinus-Kirche. Einen großartigen Panoramablick über das Rheintal bietet das Erpeler-Ley-Plateau, ein massiver Basaltfels, der gut in einer weiteren Tagestour erwandert werden kann.

Das Schutzengelhaus in Unkel

Vom Rheinbacher Pilgerpfad
nach **Todenfeld**

IM KREISDEKANAT
RHEIN-SIEG-KREIS

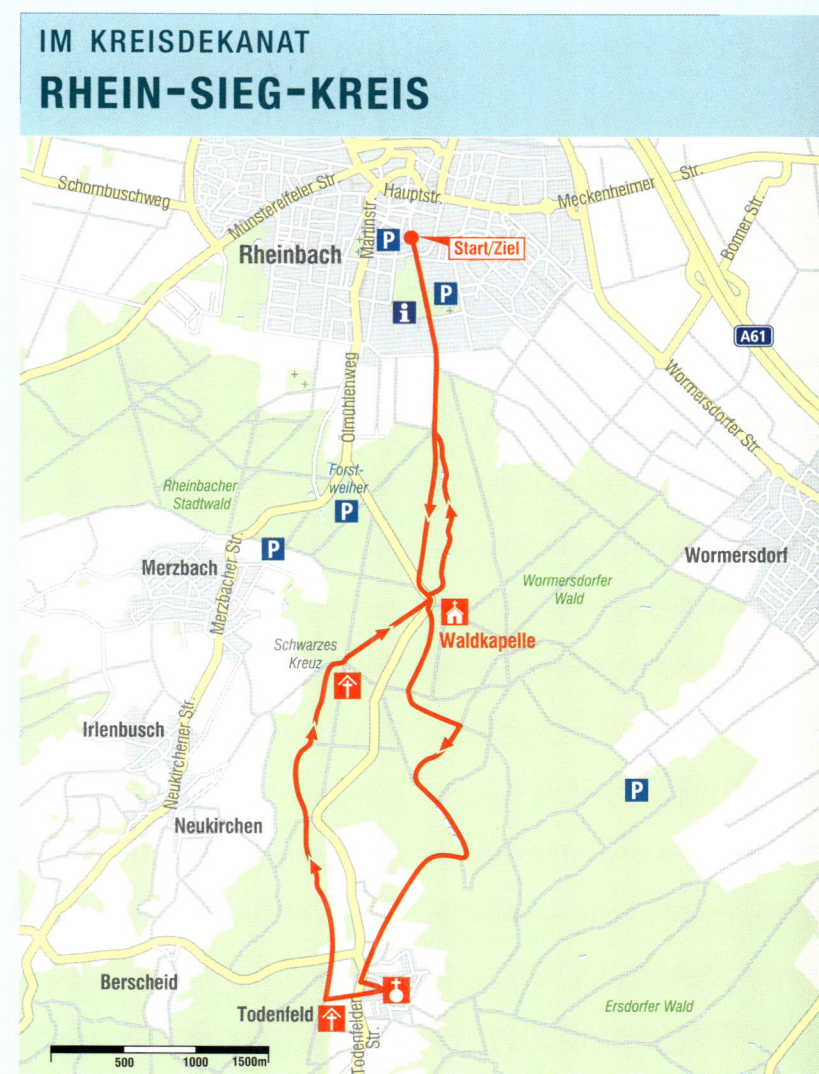

Links: Der Hexenturm von Rheinbach

Vom Rheinbacher Pilgerpfad nach Todenfeld

Lage

Die Stadt Rheinbach gehört zum Rhein-Sieg-Kreis innerhalb Nordrhein-Westfalens. Die katholische Pfarrkirche St. Martin im Pfarrverband Rheinbach ist dem Dekanat Meckenheim/Rheinbach sowie dem Kreisdekanat Rhein-Sieg-Kreis angeschlossen.

Anfahrt

Pkw: von Köln über die A 1 oder die A 553 auf die A 61 bis Rheinbach; von Bonn die A 565 bis zum AK Meckenheim, dann die A 61 in Richtung Venlo bis Rheinbach; oder die A 565 bis Meckenheim-Nord, dann der Beschilderung bis Rheinbach folgen

ÖPNV: von Köln (Hbf) mit der Regionalbahn bis Bahnhof Rheinbach (gut 50 Minuten); von Bonn (Hbf) mit der Regionalbahn (knapp 30 Minuten) bis Bahnhof Rheinbach; oder mit Buslinie L 800 von Bonn, mit Buslinie L 855 von Bonn-Bad Godesberg sowie mit Buslinie L 802/842 von Euskirchen nach Rheinbach

Start- und Zielort

Rheinbach, im Voreifelraum gelegen, ist eine bevorzugte Einkaufsstadt in der Region mit ansprechender Gastronomie und besitzt den Sonderstatus einer „mittleren kreisangehörigen Stadt". Nicht zuletzt die mehr als 100 Kilometer gekennzeichneter Wanderwege und ein Netz gut ausgebauter Fahrradrouten machen Rheinbach mit der waldreichen Umgebung zu einem attraktiven Naherholungsgebiet. Hinzu kommen ein großzügiges Freizeitpark-Gelände, das wegen der vielen Spiel- und Sportmöglichkeiten gerne von Familien und jungen Leuten genutzt wird, sowie viele historische Sehenswürdigkeiten.

Dauer

Wegen der drei Teilziele – Glaspavillon, Waldkapelle, Todenfeld – ca. 3 bis 4 Stunden

Länge

12 Kilometer

Varianten

Vom Wanderparkplatz an der Waldkapelle aus bieten sich auch kürzere Rundstrecken an. Der von Rheinbach über die L 492 zu erreichende Wanderparkplatz in Hilberath ist ebenfalls ein idealer Ausgangsort für zahlreiche Rundwanderwege mit Längen zwischen 6 und 15 Kilometern.

Wanderkarte

Wanderkarte Nr. 6 des Eifelvereins „Rheinbach Alfter" 1:25.000, mit Koordinatengitter für GPS-Nutzer. Im Bürgerbüro des Rathauses ist eine Stadtkarte mit Straßennetz von Rheinbach und Umgebung erhältlich, Preis 0,50 Euro.

Einkehrmöglichkeiten

In und um Rheinbach gibt es eine vielseitige Gastronomie, darunter Hotel *Nord*, Tel. 02226/15 70, **www.hotelnord.de**, Hotel *Dorn*, Tel. 02226/129 20, **www.hotel-dorn.de**, *Café im Himmeroder Hof*, Tel. 02226/164 59, Stadtcafé *Schlich*, Tel. 02226/49 00

Internet

www.erzbistum-koeln.de
www.rheinbach.de
www.st-martin-rheinbach.de

ÜBER DEN PILGERPFAD ZUR
St. Hubertus-Kapelle

Wir starten unsere Wanderung mit einer Flasche Wasser und etwas Proviant im Rucksack am Parkplatz am Himmeroder Wall und gehen in östliche Richtung zum Hexenturm. In die Querstraße „Stadtpark" an der Burganlage biegen wir rechts ab. Einige Wanderzeichen weisen uns von hier an den richtigen Weg, darunter auch die gelbe Muschel auf blauem Grund, denn mitten durch Rheinbach führt der Jakobsweg in Richtung Trier und weiter nach Nordfrankreich.

Nach etwa 700 Metern schnurstracks geradeaus und sanft bergan lohnt es unbedingt, nach links über die Villeneuver Straße dem Hinweisschild zum Glaspavillon zu folgen. Dieser kleine Abstecher führt zu einem modernen Ausstellungsgebäude aus Glas, in dem es eindrucksvolle Kunstwerke zu betrachten gibt. Danach gehen wir zurück zum „Stadtpark" und biegen links ab auf unsere Wanderstrecke in Richtung Stadtwald. Hinter den Tennisplätzen und dem Sportplatz führen mehrere Wege zur Rheinbacher Waldkapelle.

Auf dem Weg nach Todenfeld

Ort der Besinnung: die Waldkapelle

Auf dem Hinweg folgen wir nicht dem Pilgerpfad, sondern bleiben auf dem Hauptweg, der in Richtung Waldrand und von dort – dem Fahrradwegweiser folgend – durch schattigen Wald unserem nächsten Teilziel entgegen führt. In Hörweite der L 492, die über Todenfeld und Hilberath in die Eifel und damit ins Nachbarbistum Trier führt, biegen wir nach links in einen schmaleren Weg ab. Kurze Zeit später erblicken wir die von einem Kreuzweg umgebene Waldkapelle – ein Ort der Besinnung, auch für die Pilger, die sich auf dem Jakobsweg befinden. Seit vielen Jahrhunderten ist diese 1683 erbaute Kapelle eine Andachtsstätte und inzwischen erklärtermaßen die „spirituelle Mitte" des Pfarrverbands Rheinbach. Rekonstruktionen, in den 1980er Jahren unter Mithilfe von St. Georgs-Pfadfindern geschaffen, erinnern daran, dass hier einst ein Klostergebäude und eine größere Kirche standen. Bei der Pieta im Innenraum der Kapelle handelt es sich um einen Abguss der ursprünglichen Statue der Schmerzensmutter, zu der täglich die Menschen kommen und um Hilfe bitten oder ein Dankgebet sprechen.

Von der Waldkapelle aus überqueren wir die in einer scharfen Biegung verlaufende L 492, gehen bis zum Ende des Parkplatzes und folgen dem Wegweiser in Richtung „Alte Weiher – Todenfeld". Der mit „A 6" und der Zahl „1" markierte schmale Pfad schlängelt sich kurvenreich durch schattigen Mischwald. Am nächsten breiteren Querweg biegen wir links ab und kurze Zeit später geht es dann nach rechts, weiter den Zeichen „A 6" und „1" folgend.

Wir erreichen das Schild „Alte Weiher". Von hier ab gilt nur noch die Markierung „1", der wir auf dem Hauptweg geradeaus folgen. Rechts von uns finden wir nacheinander, von hohen Bäumen umgeben, die vier Weiher, hinter denen wir gleich rechts abbiegen und zunächst leicht, dann stärker bergauf gehen. Wo sich der Wald lichtet und den Blick über Wiesen und Felder freigibt, beginnt die schmale Teerstraße, die in den kleinen Ort Todenfeld hinaufführt. Am Ende der Straße stoßen wir wieder auf die quer verlaufende L 492 und biegen an der kleinen Parkanlage links auf den Bürgersteig ab. Die zweite Straße im Ort links ist die Kirchstraße, die uns zur 1899 erbauten St. Hubertus-Kapelle führt. Im Inneren dieses kleinen Kirchleins befinden sich zwei Statuen aus dem 15. Jahrhundert, die den heiligen Hubertus und die heilige Apollonia darstellen. Diese Figuren stammen aus dem Vorgängerbau der auf einem Hügel errichteten Kapelle.

Nach einer Rast beginnt der Rückweg. Gleich oberhalb des Gotteshauses führt die Straße „Kreuzfeld" vorbei, die wir nach rechts gehen. Wir überqueren die L 492 und folgen der schmalen Straße, an einer Marien-Gebetsstätte vorbei, die bald zum

Die St. Hubertus-Kapelle in Todenfeld

Fernblick bis zum Siebengebirge

Feldweg wird. Noch vor dem Waldsaum führt unser Wanderweg mit den Markierungen „N" und „6" rechts bergab. Hier hat man einen fantastischen Weitblick in die Rheinebene und rechtsseitig hin zum Siebengebirge. Die Wegmarkierungen führen uns, bald wieder durch Mischwald mit Lichtungen, stetig bergab. Auf der linken Seite erblicken wir in der Ferne zunächst die Häuser von Neukirchen, später die von Merzbach.

Am ersten Querweg wandern wir weiter geradeaus, folgen an der Weggabelung der Markierung nach rechts, und an einem weiteren Querweg geht es rechts ab bis zum „Schwarzen Kreuz". Ab hier folgen wir weiter dem Wanderweg „6", der uns bald wieder zur Waldkapelle führt. Dort wählen wir für unseren Rückweg nun den mit der Jakobsmuschel und anderen Zeichen markierten Pilgerpfad, der entlang mehrerer Weiher und den Windungen des Eulenbachs verläuft. Bald erreichen wir wieder den Sportplatz und die Tennisplätze und wandern durch den Stadtpark zurück zu den rekonstruierten Stadt-

Ganzglaspavillon und „Römerkanal"

Die rund 26.000 Einwohner zählende Stadt Rheinbach, etwa 20 Kilometer von Bonn und 50 Kilometer von Köln entfernt, hat viel zu bieten. Rund um die Pfarrkirche St. Martin gruppieren sich alte Fachwerkbauten mit gepflegten und belebten Straßen. Die zu besichtigenden Reste der ehemaligen Stadtbefestigung zwischen dem Wasemer Turm und dem Hexenturm sind Belege für die lange Tradition dieser im Jahr 762 erstmals erwähnten Stadt. Der Hexenturm, Bestandteil der ehemals mächtigen Rheinbacher Burg und heute das Wahrzeichen der Stadt, erinnert an die hier zwischen 1631 und 1636 stattgefundenen Hexenprozesse.

Eine noch weitaus ältere Sehenswürdigkeit befindet sich an der Pützstraße – ein Stück der berühmten Römischen Wasserleitung, mit deren Bau im Jahr 80 n. Chr. begonnen worden war. Die auch „Römerkanal" genannte Leitung führte aus der Eifel kommend über das Gebiet von Rheinbach bis nach Köln. Überaus sehenswert ist auch der Himmeroder Hof, der im Mittelalter von den Mönchen des gleichnamigen Klosters in der Eifel für die Landwirtschaft erbaut worden war. Heute befinden sich das Zentrum des Naturparks Rheinland, mehrere Veranstaltungsräume sowie das Glasmuseum in und auf dem Gebäudeareal.

Ein Stück „Römerkanal" in Rheinbach

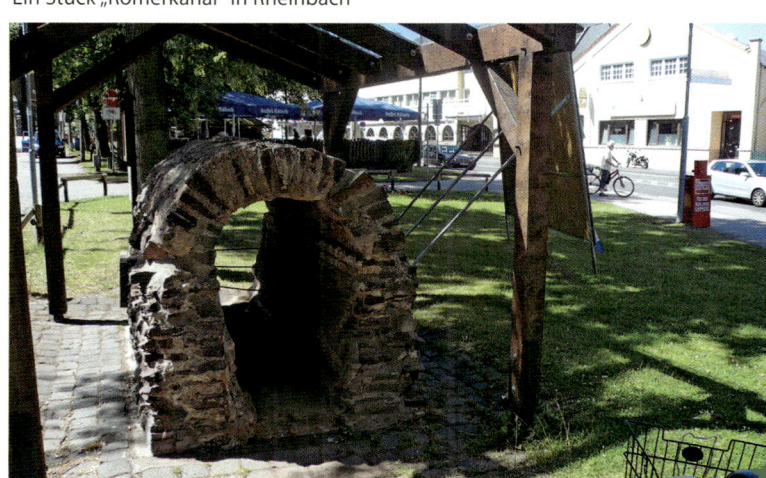

Die Kirche St. Martin

Stichwort Glas: Völlig zu Recht genießt Rheinbach als „Stadt des Glases" einen herausragenden Ruf. Zum einen werden an dem hier ansässigen Staatlichen Berufskolleg für Glas und Keramik viele junge Leute fachkundig ausgebildet. Ein architektonisches Wunderwerk ist zudem der Ganzglaspavillon am südlichen Stadtrand, sozusagen ein Gebäude mit Durchblick, das ganz ohne Mauern oder Stahlträger errichtet wurde, und in dem wechselnde Events zum Thema Glas stattfinden. Das erwähnte Glasmuseum zeigt seit 1968 eine bundesweit einmalige Spezialsammlung für nordböhmisches Hohlglas. Exponate unterschiedlichster Stilrichtungen sind zu besichtigen – vom Barock über Biedermeier und Jugendstil bis hin zu zeitgenössischen Werken. Ein weiterer Anziehungspunkt Rheinbachs ist das Kutschenmuseum mit etwa 30 ausgestellten Fahrzeugen, die alle noch fahrbereit sind und überwiegend aus dem 19. Jahrhundert stammen.

Kommen wir abschließend noch einmal zurück zur Pfarrkirche St. Martin: Über diese Hauptkirche im Herzen der Stadt wie über die Kapellen in direkter Umgebung informiert der Pfarrverband in Wort und Bild auf seiner übersichtlich gestalteten Internetseite www.st-martin-rheinbach.de. Dieses Gotteshaus, in seiner langen Geschichte mehrfach restauriert und erweitert, wurde gegen Ende des Zweiten Weltkriegs bis auf den Turm völlig zerstört und daraufhin in seiner heutigen Form wieder aufgebaut. Nicht weit von der Pfarrkirche entfernt gibt es noch die Pallotti-Kirche sowie auf dem Gelände des Vinzens-Pallotti-Kollegs die Marienkapelle der Ordensgemeinschaft.

Auch in den Orten der Umgebung, die zum Dekanat Meckenheim/Rheinbach gehören, lohnt der Besuch der dortigen Gotteshäuser. So ist eine rund 300 Jahre alte Kirche mit sehenswerter Barockausstattung in Hilberath zu bestaunen. Dieses Dorf, das noch auf dem Gebiet des Erzbistums Köln gleich in Grenznähe zur Diözese Trier liegt, wird wegen seiner imposanten Fernsicht auch das „Tor zur Eifel" genannt.

Der Ganzglaspavillon

Vom Michelsberg zum „Decke Tönnes"

IM KREISDEKANAT
EUSKIRCHEN

Links: Die Kirche St. Hermann-Joseph in Mahlberg

Vom Michelsberg zum „Decke Tönnes"

Lage

Der Ort Mahlberg, mehr als 1.100 Jahre alt und in die Mittelgebirgslandschaft der Nordeifel eingebettet, hat rund 680 Einwohner und ist Bestandteil des Kreises Euskirchen. Die Kirche St. Hermann-Joseph gehört zur Pfarrei Schönau, die innerhalb des Kreisdekanats Euskirchen liegt; sie wird als Filialkirche vom katholischen Seelsorgebereich Bad Münstereifel betreut.

Anfahrt

Pkw: von Köln die A 1 bis Bad Münstereifel/Mechernich, dann die L 165 Richtung Bad Münstereifel, dort weiter über die B 51/L 165 über Eicherscheid und Schönau Richtung Schuld/Trier, ca. 2 Kilometer hinter Eicherscheid links nach Mahlberg abbiegen; Parkmöglichkeiten in der Nähe der Kirche; oder Startpunkt der Wanderung am Wanderparkplatz „Michelsberg"

ÖPNV: von Köln und Bonn mit dem Zug bis Bad Münstereifel, Endhaltepunkt der Erfttalbahn, von dort mit dem Bus bis Mahlberg

Start- und Zielort

Um Mahlberg herum erstreckt sich ein abwechslungsreiches Wandergebiet durch offene Flächen mit guter Fernsicht, mit schattigen Wäldern und festen Wegen. In dem kleinen Ort Mahlberg fällt die katholische Kirche ins Auge. Nicht weit entfernt befindet sich der 588 Meter hohe Michelsberg, der zu germanischer Zeit wahrscheinlich eine Kult- und Opferstätte war. Die später hier errichtete christliche Kapelle, dem Erzengel Michael geweiht, gab dem Berg seinen Namen.

Besonderheit

Wer die Kapelle St. Michael auf dem Michelsberg auch von innen erleben will, muss diesen Wunsch mehrere Tage zuvor anmelden. Dann schließen Maria oder Rudi Haag aus Mahlberg das Gotteshaus auf (Tel. 02257/12 23). Wir empfehlen dafür ein Trinkgeld.

Dauer

Wegen der Besichtigungen des Michelsbergs und der Antonius-Kapelle ca. 3 bis 4 Stunden

Länge

11 Kilometer

Varianten

Von der Antonius-Kapelle aus gibt es andere Möglichkeiten des Rückwegs, zum Beispiel kann man von dort direkt nach Bad Münstereifel (je nach Route zwischen 4 und 6 Kilometer) wandern. Das bietet sich besonders dann an, wenn die Anreise mit öffentlichen Verkehrsmitteln erfolgt ist.

Wanderkarte

Wanderkarte Nr. 7 des Eifelvereins „Bad Münstereifel" 1:25.000

Einkehrmöglichkeiten

In der Nähe von Mahlberg Gaststätte *Kupferkessel* in Schönau, Tel. 02253/93 24 54, in Eicherscheid und in Bad Münstereifel zahlreiche

Internet

www.erzbistum-koeln.de
www.bad-muenstereifel.de

Fernblick

UND VOLKSFRÖMMIGKEIT

Wir beginnen unsere Rundwanderung in Mahlberg bei Bad Münstereifel, einer landschaftlich reizvollen Ecke der Nordeifel, und werden im Verlauf der Strecke gleich an zwei Orten mit dem Phänomen der Einsiedelei in Verbindung kommen. Ausgangspunkt der Wanderung ist die Kirche St. Hermann-Joseph in Mahlberg, das ganz in der Nähe der Grenzen zum Bistum Trier im Süden und zur Diözese Aachen im Westen liegt. Das Gotteshaus werden wir im Anschluss an die Rundwanderung näher in Augenschein nehmen, denn zunächst

Kreuzwegstation auf dem Michelsberg

Die Kapelle St. Michael

geht es die Breitestraße sanft abwärts in Richtung Ortsmitte, vorbei an dem liebevoll gestalteten Feuerwehrhaus (rechts). Am Ende der Dorfstraße gehen wir halblinks die Michelsbergstraße (L 113) hinauf und wandern dann weiter geradeaus in Richtung des vor uns liegenden 588 Meter hohen Michelsbergs mit seiner Wallfahrtskirche auf dem Gipfel. Bevor sich die Straße gabelt (links nach Rheinbach, rechts nach Schuld), passieren wir einen auf der rechten Seite befindlichen Marien-Bildstock neueren Datums. Dann erreichen wir den kleinen Wanderparkplatz am Michelsberg und folgen nun der mit „A 2" gekennzeichneten Wander- und Mountainbikestrecke, die vor einem Zaun nach links weiter bergan führt. Nach einer Rechtskurve verlassen wir für kurze Zeit die schmale Straße und gehen rechts über einen Feldweg schnurgerade bergauf, dem Mountainbike-Zeichen „TB 4" folgend. An der Querstraße biegen wir links ab; die Markierungen „A 2" und das schwarze Dreieck des Eifelvereins weisen den richtigen Weg. Wir bleiben immer auf dieser Hauptstrecke, die einen Rechtsbogen um den Bergkegel macht. An der Schranke gehen wir nach rechts auf den Waldweg und sehen die Kapelle St. Michael bereits durch das dichte Grün.

Schon nach wenigen Metern nehmen wir den Weg nach links, der an den letzten Stationen eines beeindruckenden Kreuzwegs unterhalb der Kapelle vorbeiführt. Dann erreichen wir den von einer Bruchsteinmauer umgebenen und abgesicherten Vorplatz mit der weiß strahlenden Wallfahrtskirche, die von den Jesuiten der Eifel für ihre missionarischen Zwecke vor allem im 17. Jahrhundert genutzt worden war. Viele Gläubige aus den umliegenden Regionen der Eifel zogen damals zu dieser Kirche St. Michael, um an Gottesdiensten teilzunehmen. Anfang des 18. Jahrhunderts hat auch ein Einsiedler auf dem Michelsberg gelebt, wie einer kleinen Schrift zur Geschichte dieses Orts zu entnehmen ist. Von 1712 bis 1714 pflegte der Kapuziner-Bruder Franziskus Josephus Nobelohrt hier sein Eremitendasein. Noch heute befindet sich links neben dem Aufgang zum eigentlichen Gotteshaus eine Klause mit zwei Räumen. Auf der anderen Seite, ganz rechts, fällt eine Außenkapelle ins Auge, in der mit spätgotischen Figuren die Szene der Grablegung Jesu dargestellt ist.

Grandioser Fernblick vom Michelsberg

Viel besucht – der „Decke Tönnes"

Wir haben uns mit dem ehemaligen Postbediensteten Rudi Haag verabredet, der nach telefonischer Anmeldung um die Mittagszeit eintrifft, um uns die Kapelle aufzuschließen. Obwohl dieses Gotteshaus im Laufe der Zeit mehrfach erneuert und renoviert werden musste, vor allem nach einem verheerenden Brand im Jahr 1836, überdauerte der gotische Chorraum mit seinem Kreuzrippengewölbe nahezu unzerstört die Jahrhunderte. So blickt der Betrachter auf drei barocke Altäre mit dem Bildnis des Erzengels Michael in der Mitte des Hauptaltars. Beeindruckend sind Teile von Wandmalereien an den Chorwänden aus der Erbauerzeit, die vor einigen Jahren ein polnisches Restauratoren-Ehepaar in mühevollster Kleinarbeit freilegte. Da verwundert es nicht, dass dieser Ort in den letzten Jahren für Pilger und Wallfahrer wie für Wanderer und Freunde sakraler Kunst über die Region hinaus an Bedeutung gewonnen hat. Zudem zieren weitere Statuen, einige Gemälde und ein alter Beichtstuhl das Gotteshaus, und von dem mächtigen Westturm hat man über die Baumwipfel hinweg einen fantastischen Rundblick in die Eifel bis zur Hohen Acht, bei guter Sicht lassen sich von hier oben sogar die Türme des Kölner Doms und die Gipfel des Siebengebirges ausmachen.

Anschließend gehen wir durch den Wald zurück zu der kleinen Straße und biegen links ab bis zu dem rechts abzweigenden Feldweg gegenüber einer Sitzbank, der mit dem schwarzen Dreieck markiert ist. Nach einer längeren Geraden gehen wir an der nächsten Weggabelung nach links bergab und folgen dem „A 2"-Zeichen bis hinab zur stark befahrenen Landstraße. Vorsicht ist beim Überqueren geboten! Wir kommen zum Wanderparkplatz „Bleielsnück", an dessen Rand ein auffallender Felsbrocken – etwas undeutlich – die Richtung zum „Decke Tönnes" weist, einem Waldkapellchen, das dem heiligen Antonius von Ägypten geweiht und unser nächstes Etappenziel ist, das wir in einer knappen Stunde erreichen.

Erinnerung an den Weltjugendtag 2005 in Köln

Wir gehen die kleine Straße entlang, die mit dem schwarzen Dreieck und mit dem Zeichen „TB 4" markiert ist, und können bei einem Blick zurück nochmals den Kirchturm der St. Michaels-Kapelle auf dem Bergkegel sehen. Bald gelangen wir rechtsseitig zur Schutzhütte „auf Bleielsnück", an der wir das nach links abbiegende Sträßlein verlassen und auf dem Feldweg geradeaus gehen. Bevor wir den schattigen Mischwald erreichen, steht links am Wegesrand ein Bildstock mit dem Gekreuzigten. Wir bleiben immer auf dem Hauptweg mit dem Zeichen „TB 4" und dem schwarzen Dreieck, bis wir zur L 234 kommen. Unmittelbar vor der Straße folgen wir der Markierung „3" und dem Wegweiser in Richtung Bad Münstereifel – und sehen bald die Antonius-Kapelle, im Volksmund „Decke Tönnes" genannt, da die ursprüngliche (inzwischen aber nicht mehr vorhandene) Statue des Heiligen ausladend mächtig ausgefallen sein muss.

Viele flackernde Opferlichter vor der hinter Glas geschützten Antonius-Skulptur sind Beleg dafür, dass täglich zahlreiche Menschen zu dieser Kapelle kommen, um Hilfe zu erbitten, Leid zu beklagen, Dank zu sagen. Eine Informationstafel weist darauf hin, dass diese vor mehr als 100 Jahren errichtete Stätte des Gebets dem heiligen Antonius von Ägypten (nicht zu verwechseln mit dem von Padua) gewidmet ist. Er starb im Alter von 105 Jahren im Jahr 356 n. Chr., hatte als Einsiedler gelebt und vielen „teuflischen Anfechtungen" widerstanden, wie auf der Schrifttafel betont wird. Deshalb findet sich am Fuß des Heiligen der Satan in Gestalt eines Drachen. Als einer der 14 Nothelfer wird Antonius von Ägypten von Menschen angerufen, die selbst an schweren Hautkrankheiten leiden oder die um Linderung für erkrankte Angehörige und Freunde bitten. Gleich neben der Kapelle wurde am 19. Oktober 2008 ein Holzkreuz errichtet, das daran erinnert, dass an dieser Stelle das Weltjugendtagskreuz am 24. Mai 2005 im Vorfeld des Kölner Weltjugendtags von Mitgliedern der umliegenden Pfarreien in Empfang genommen worden war.

Der „Decke Tönnes" ist gleichsam der Wendepunkt dieser Rundwanderung. Wir gehen ein paar Meter zurück und wählen den mit „TB 1" gekennzeichneten Weg, der rechts ab von der Landstraße wegführt. Da innerhalb der nächsten halben Stunde kaum ein Wanderzeichen zu sehen ist, gilt es, immer diesem, später kurvenreichen, breiten Weg durch den hohen Mischwald des Forstbereichs Pinneberg zu folgen. Nach 20 Minuten erreichen wir eine Rechtskurve, an der wir nicht links abbiegen. Hinter der Biegung sehen wir auf der Höhe zwei überdachte Informationstafeln, wovon eine uns darüber aufklärt, dass die umliegende Waldgegend nicht mehr bewirtschaftet wird, sondern sich selbst überlassen bleiben soll. Nun folgen wir der Linksbiegung, erreichen bald den mit der Wandermarkierung „3" gekennzeichneten Querweg und gehen links bergauf. Am kurz darauf kommenden nächsten Querweg biegen wir rechts ab und passieren linker Hand eine Schranke. Wir wandern weiter geradeaus in Richtung Felder und verlassen den Wald. Der Weg macht eine Linksbiegung und ist ab hier geteert.

Der Michelsberg

Bald gelangen wir wieder an die Schutzhütte „auf Bleiels-nück", gehen mit Blick auf den Michelsberg ein Stück entlang der Feldstraße und biegen bei der nächsten Möglichkeit nach rechts ab. Der befestigte Feldweg führt bergab; an der Gabelung gehen wir nach links durch ein kurzes Waldstück, hinter dem wir die Landstraße und erneut den Michelsberg sehen. Es folgt eine weitere Weggabelung an einem Strommast. Hier gehen wir geradeaus, passieren bald eine Wegekreuzung und wandern in Blickrichtung der Kirche von Mahlberg. Dann erreichen wir bewohntes Gebiet, biegen nach links in die Hermann-Joseph-Straße und an der quer verlaufenden Oststraße nach rechts ab. Kurz darauf gelangen wir zur Winkelgasse, die uns zurück zur Breitestraße führt.

Fachwerk-Idylle in Mahlberg

Mahlberg, der „Eifelheilige" und Kardinal Frings

Von Kardinal Frings geweiht – der Hauptaltar der Mahlberger Kirche

Sie ist nach dem „Eifelheiligen" benannt, die Kirche St. Hermann-Joseph in Mahlberg. Obwohl sie vom Alter her nicht mit der Kapelle St. Michael auf dem Nachbarberg konkurrieren kann, ist diese nach dem Zweiten Weltkrieg erbaute Kirche, die zur Pfarre Schönau gehört und seelsorglich von Bad Münstereifel aus mitbetreut wird, nicht minder sehenswert. Zudem zeugt das Gotteshaus von der Tatkraft und Opferbereitschaft der Menschen in dieser Region. Denn im Jahr 1951 wurde in Mahlberg der Entschluss gefasst, einen Verein zum Zwecke des Baus einer Kirche zu gründen. Der damalige Pfarrer Joseph Weissenfeld, ein Studienkollege des zu dieser Zeit für das Erzbistum Köln zuständigen Kardinals Joseph Frings, übernahm

Wilde Blumenpracht in Mahlberg

das Amt des Ersten Vorsitzenden. Zur Finanzierung des Vorhabens führte die Gemeinde fortan und auf lange Zeit jeden Monat Haussammlungen durch. Auch die Landwirte von Mahlberg und Umgebung gaben zusätzliche Spenden für den Kirchbau.

Bereits im August 1951 begannen die Ausschachtungs- und Drainagearbeiten; der eigentliche Baubeginn war dann im November. Schon im folgenden Sommer, am Kirmessonntag, dem 31. August 1952, weihte der in Kirchheim wirkende Pastor und Dechant Joseph Emonds, ebenfalls ein Studienfreund von Kardinal Frings, die neue Kirche. Da wundert es nicht, dass eines Tages, am 3. Juni 1956, der Kölner Erzbischof kurz selbst in Mahlberg vorbeischaute. Am 27. November 1960 kam Kardinal Frings dann erneut in den Ort, um vor dem Hintergrund der gerade erfolgten Heiligsprechung des seligen Hermann-Joseph von Steinfeld (1150–1241) den Hauptaltar in der nach diesem Schutzpatron benannten Kirche zu weihen. Der örtliche Heimatforscher Heinz Reidenbach (Tel. 02257/681) hat über dieses Ereignis, über die Kapelle St. Michael auf dem Michelsberg und über weitere Sakralbauten der Umgebung eine Broschüre geschrieben, die in begrenzter Auflage bei ihm noch erhältlich ist (5,- Euro).

Das Innere der Kirche in Mahlberg strahlt Helligkeit und Freundlichkeit aus. Sehenswert ist der kleine, rechts neben dem Eingang angebaute Gebetsraum mit einer Mutter Gottes-Statue. Die sechs Buntfenster stammen übrigens aus dem Gotteshaus vom Michelsberg und zeigen einen St. Michael-Zyklus, den der Künstler Hans Maier aus Bad Neuenahr im Jahr 1920 geschaffen hat. Im Zuge von Renovierungsarbeiten wurden diese Kirchenfenster vom Michelsberg in die Kirche von Mahlberg ausgelagert. Nicht zuletzt deshalb heißt das angebaute Kapellchen im Volksmund wie sein „großer Bruder" auf dem Berg schlicht Michaels-Kapelle.

Mahlberg selbst hat einige romantische Fachwerkbauten mit, zur entsprechenden Jahreszeit, prachtvollen Blumengärten zu bieten. Da die früher existierende Gaststätte geschlossen ist, muss, wer einkehren möchte, hinab in den etwa zwei Kilometer entfernten Ort Schönau oder weiter nach Eicherscheid fahren. Auch die nur knapp zehn Kilometer in nordwestlicher Richtung von Mahlberg entfernt liegende, weithin bekannte Stadt Bad Münstereifel ist natürlich immer einen Besuch wert.

Die Altstadt von Bad Münstereifel

Zu den „Katzensteinen" und zur
Wasserburg Satzvey

Links: Naturdenkmal „Katzensteine"

Zu den „Katzensteinen"
und zur Wasserburg Satzvey

Lage

Der Ort Kommern hat knapp 4.000 Einwohner, ist dem Landkreis Euskirchen angegliedert und gehört seit 1972 zur Stadt Mechernich. Die katholische Gemeinde um die Kirche St. Severinus wird innerhalb des Seelsorgebereichs Veytal betreut.

Anfahrt

Pkw: von Köln die A 1 bis Wißkirchen, dort die B 266 Richtung Kommern, vor der Zufahrt zur Altstadt links bis zu einem Kreisverkehr, dann über einen weiteren „Kreisel" links ab nach Kommern-Süd; Parkplatz am Hochwildschutzpark hinter dem Ortsteil direkt an der Straße nach Katzvey

ÖPNV: mit dem Regionalexpress nach Mechernich, von dort mit der Buslinie 808/811 nach Kommern oder von Mechernich mit einem Sammeltaxi (Tel. 018 04/15 15 15) nach Kommern-Süd; Rundwanderung ab Satzvey – von Köln ebenfalls mit der Bahn erreichbar

Start- und Zielort

Kommern-Süd ist in südlicher Richtung von großen Waldgebieten umgeben. Dieser Stadtteil wie auch der 4 Straßenkilometer entfernte Ort Kommern liegen am nordwestlichen Rand der Eifel. Die empfohlene Rundwanderung ist so gehalten, dass anschließend Zeit genug bleibt, um die Fachwerkbauten in Kommern und die neugotische Kirche besichtigen zu können.

Besonderheiten

Nach der Rundwanderung kann man sich noch im Hochwildschutzpark Rheinland aufhalten. Infos unter **www.hochwildpark-rheinland.de**

Dauer

Wegen des Aufenthalts in Satzvey gut 3 Stunden

Länge

Ca. 9 Kilometer

Varianten

Die Tour kann man auch in der Ortsmitte von Kommern starten. Die Strecke nach Kommern-Süd führt überwiegend durch bewohntes Gebiet. Dadurch verlängert sie sich um jeweils 3 Kilometer hin und zurück auf eine Gesamtlänge von 15 Kilometern.

Wanderkarte

Wanderkarte 5 a des Eifelvereins „Mechernich – Kommern" 1:25.000 oder „Stadtplan Mechernich" 1:25.000

Einkehrmöglichkeiten

In Kommern zahlreiche, in Satzvey Restaurant *Zum Kreuzritter*, Tel. 02256/95 83 27, **www.burgsatzvey.eu**
In Kommern-Süd *Waldhaus am Wildpark*, Tel. 02443/65 41

Internet

www.erzbistum-koeln.de
www.kommern.lvr.de
www.mechernich.de
www.burgsatzvey.de

VOM HOCHWILDSCHUTZPARK
ZUR **Burg Satzvey**

Während Mechernich bereits zum Bistum Aachen gehört, befindet sich Kommern mit seiner Pfarrkirche St. Severinus noch auf dem Gebiet des Erzbistums Köln. Als Ausgangspunkt wählen wir den Parkplatz am Hochwildschutzpark Rheinland im Stadtteil Kommern-Süd, der auch eine Bushaltestelle hat. Mit dem Pkw sind es knapp vier Kilometer vom Ortskern Kommern bis zu diesem Ausgangspunkt.

Vom Parkplatz geht es zunächst auf der Straße entlang, die sich nach Katzvey hinunterschlängelt. Wir passieren die Bushaltestelle und nach einer Rechtskurve sieht man bereits die Hinweisschilder auf den nahen Übergang der doppelgleisigen Zugstrecke. Hinter den Gleisen macht die Straße einen scharfen Rechtsbogen. Links und rechts stehen die Häuser von Katzvey. Nach der nächsten Linkskurve und vor der quer verlaufenden L 61 erblicken wir die leuchtend weiße Kapelle des Örtchens. Im Inneren befindet sich eine Grotte mit einer Mut-

Die Wegrand-Kapelle von Katzvey

Blickfang in Katzvey

tergottes-Darstellung. Viele Votivgaben als Dankzeichen für erfahrene Hilfe und brennende Opferlichter bezeugen, dass diese Wegrand-Kapelle ein häufig besuchter Ort gläubiger Menschen ist.

Direkt hinter der Kapelle überqueren wir die Landstraße und gehen einen schmalen Pfad hoch. Wir befinden uns nun im Mechernicher Wald. Nach wenigen Metern führt die Strecke mit den Zeichen „A 1/A 2" links ab. Der Weg schlängelt sich bis zum Wanderparkplatz, an dessen Ende sich eine Orientierungskarte mit einigen Wanderempfehlungen befindet. Dahinter wählen wir den Pfad bergan und folgen nach wenigen Metern dem Weg mit der „Herz"-Markierung nach links.

Dieser führt uns zu den markanten Buntsandstein-Felsen, als „Katzensteine" bekannt. Hinter dem höchsten Punkt der Wegstrecke gelangt auf der linken Seite ganz plötzlich dieses Naturdenkmal in den Blick. Es handelt sich bei den Felsen um Flussablagerungen, die sich vor etwa 220 Millionen Jahren in der Eifelregion ereignet haben. Durch Veränderungen der Erdkruste in Form von Hebungen und Senkungen bildeten sich diese markanten Steinbrocken heraus. Auch Regen, Frost, Sonne und Wind waren über den langen Zeitraum am Zustandekommen der „Katzensteine" beteiligt.

Wir nehmen den sandigen Weg, der später durch dichtes Laubwerk steil bergauf führt. Auf der Höhe erreichen wir den quer verlaufenden „Krönungsweg" des Eifelvereins, dem wir nach links folgen. Fortan zeigt uns das liegende V-Zeichen die Richtung an. Wir überqueren im Hochwald, wo der Sage nach einst die „Juffer Vey" („Jungfrau Fee") gespukt haben soll, einige Querwege. Die rechts und links errichteten Hochsitze sind Hinweise, dass es hier häufige Wildwechsel gibt.

Nach einem Kilometer erreichen wir eine verschobene Wegekreuzung. Wir folgen dem V-Zeichen scharf nach links. Bald

Die Wasserburg Satzvey

Die Kirche St. Pantaleon

geht es bergab – wieder der L 61 entgegen, die wir (vorsichtig!) überqueren. Der „Krönungsweg" führt nun durch Wiesengelände in Richtung Veybach. An einem neueren Wegekreuz
überqueren wir diesen, biegen nach rechts ab und laufen der
Ortschaft Satzvey entgegen. Wir überqueren einen Wende-
hammer. Der „Krönungsweg" führt uns bald über den Friedhof direkt zur katholischen Kirche St. Pantaleon mit ihrem
schlanken, steil in den Himmel ragenden Turm.

Die Kirche, die dem Seelsorgebereich Veytal zugeordnet
ist, stammt aus dem 13. Jahrhundert und dürfte zu den ältesten Gebäuden des Orts mit seinen schmucken Fachwerkhäusern gehören. Der Altar im einladend wirkenden Innenraum
des Gotteshauses stammt übrigens aus der Marienkirche von

Zülpich. In unmittelbarer Nähe der Kirche geht es nun zur Wasserburg, die sich seit mehr als 300 Jahren in Privatbesitz der Grafenfamilie Beissel von Gymnich befindet. Die herrlich anzuschauende Burg, urkundlich erstmals 1396 erwähnt, bietet heute die geeignete Kulisse für Ritterspiele, Geisterfeste und Märkte aller Art. Ein Café und mehrere Restaurants laden zur Einkehr ein, um sich für den Rückweg zu stärken.

Satzvey ist der Wendepunkt dieser Rundwanderung. Links von der Kirche geht es links in Richtung der quer verlaufenden Firmenicher Straße, die wir am Bildstock links bergauf gehen. Dann biegen wir – wieder links – in die Straße „Am Mühlenberg" ab, von der bald rechts der Kommerner Weg abzweigt. Diesem folgen wir durch Neubaugebiet bis zur Höhe. Wir passieren rechts die Schule, und kurz danach wird die Straße nach einer Linkskurve zum unbefestigten Weg. Dieser schlängelt sich durch den Wald – entlang militärischen Geländes (rechts). Am nächsten Querweg geht es nach links; nach wenigen Metern mündet dieser an einem größeren Platz mit Wegekreuzung.

Wir gehen halblinks den breiten Hauptweg auf der Höhe entlang. Hinter dem abschüssigen Übungsgelände auf der linken Seite und der Heidelandschaft auf der rechten folgen wir dem Hauptweg, der später in einer Linkskurve leicht abwärts führt. In der nächsten Rechtskurve wählen wir den schmaleren Weg links, der – wieder durch dichten Wald – steil bergab führt. Am nächsten Querweg, wo wir nach rechts abbiegen, sieht man die ersten Wohnhäuser. Der Weg wird zur Straße. Nach der nächsten Linkskurve gehen wir die Wohnstraße „An den Teichen" mit der Markierung „2" weiter bergab. Die folgende Querstraße – hier biegen wir nach rechts ab – heißt „Im Driesch". Die ruhige Straße – mit herrlichem Fernblick geradeaus – führt uns zur bekannten quer verlaufenden Straße, die uns (in Blickweite zum links befindlichen Ortseingangsschild von Katzvey) nun aber rechts bergauf wieder zum Parkplatz als unserem Ausgangspunkt führt. Wer will, kann anschließend noch den angrenzenden Hochwildschutzpark besuchen, der ganzjährig geöffnet ist.

Historisches Fachwerk und Kräuterduft

Wer die Besichtigung von schmucken Dörfern und Städtchen liebt, sollte von Kommern-Süd zurück in das alte Kommern fahren oder wandern. Das historische Fachwerkensemble dieser Ortschaft ist deshalb so intakt und geschlossen, weil es von Bränden wie auch von Kriegszerstörung verschont blieb. Viele Häuser sind Denkmal geschützt. Und so ist es ein Vergnügen, durch die lang gezogene kurvige Altstadtstraße von Kommern zu schlendern und die gut erhaltenen Häuser in Augenschein zu nehmen.

Die eigene Nase muss nicht übersensibel sein, um bald hinter dem Ortskern einen angenehmen Duft wahrzunehmen. Das „Eifel-Kräuterhaus", seit mehr als 35 Jahren in Kommern angesiedelt, ist als Quelle dieser Wohlgerüche auszumachen. Das Angebot umfasst allein 120 Teesorten, mehr als 400 Kräuter und Gewürze, aus der Natur gewonnene Kosmetika, seltene Honigprodukte und Fruchtgetränke, Porzellan- und Keramikarbeiten oder auch Kerzen aller Art. Eine Fundgrube für all jene, die auf die besonderen Heilkräfte der Natur setzen.

Oberhalb des Ortskerns liegen die katholische Pfarrkirche und gleich darunter die im Privatbesitz befindliche Burg Kommern. Schutzpatron des im neugotischen Stil erbauten Gotteshauses ist der heilige Severinus, ein Kölner Bischof aus dem 4. Jahrhundert. Als sicher gilt, dass es eine Vorgängerkirche gab, die im Jahr 1851 bis auf den Turm abgerissen wurde. 13 Jahre später erfolgte die Einweihung der neuen Kirche. Sehenswert darin ist der alte Taufstein, der aus dem 12. Jahrhundert stammen soll, wie vermutet wird. Mitte der 1980er Jahre wurde die Kirche umfassend renoviert. Den neuen Altar weihte im Jahr 1989 der Erzbischof von Köln, Kardinal Joachim Meisner, ein.

An das ehemalige Kloster der Vinzentinerinnen in Kommern, das ganz in der Nähe der Kirche zu finden ist, erinnert nur noch die beeindruckende Fassade. In seinem Kern wurde das Gebäude völlig umgebaut. Heute befinden sich darin moderne

Fachwerk-Idylle in Kommern

Eigentumswohnungen. Inzwischen unterhält die Gemeinschaft der Vinzentinerinnen ein in Kommern neu erbautes Tagungs- und Erholungshaus. Es ist nach der heiligen Luise von Marillac benannt, die den in der Pflege, Erziehung, Beratung und Lebensbegleitung von Menschen tätigen Orden im Jahr 1633 mitbegründete. Weltweit sind rund 23.000 Vinzentinerinnen in 90 Ländern der Erde tätig.

Zurück in die Ortsmitte: Hier gibt es gemütliche Lokale und Restaurants zum Ausklang eines interessanten Erlebnistags. Und: Nicht weit von Kommern entfernt wartet auch das bekannte Rheinische Freilichtmuseum auf Besucher. Eingebettet in Bauerngärten und Obstwiesen kann auf diesem großflächigen Ausstellungsareal das Leben unserer Vorfahren nachempfunden werden. Historische Bauernhöfe, Wind- und Wassermühlen, alte Werkstätten, Backstuben und viele andere Nachbauten führen in längst vergangene Zeiten.

Von der Kolping-Stadt zum **Papsthügel**

Links: Das Weltjugendtagkreuz auf dem Papsthügel

Von der Kolping-Stadt zum Papsthügel

Lage

Die rund 64.000 Einwohner zählende Stadt Kerpen liegt innerhalb des rheinischen Braunkohlegebiets im Rhein-Erft-Kreis. Das Dekanat Kerpen gehört zum Kreisdekanat Rhein-Erft-Kreis. Die Stadt ist auch deshalb bekannt, weil hier der katholische Sozialreformer Adolph Kolping geboren wurde.

Anfahrt

Pkw: von Köln die A 4 bis Kerpen oder von Mönchengladbach die A 61 bis Kerpen-Türnich oder Kerpen, dann der Beschilderung ins Zentrum folgen; Parkplatz in unmittelbarer Nähe des Neuen Rathauses

ÖPNV: von Köln (Hbf) mit RE 1 und 9 sowie mit den S-Bahn-Linien 12 und 13 bis Bahnhof Horrem, von dort mit der Buslinie 920 bis Haltestelle „Neues Rathaus" in Kerpen; oder mit der S 12 bis Bahnhof Sindorf, dann mit der Buslinie 922 bis zum Neuen Rathaus

Start- und Zielort

Kerpen und Umgebung haben eine Menge zu bieten. Im Zentrum fällt die Stiftskirche St. Martinus ins Auge. Etwa 500 Meter von ihr entfernt befindet sich in der „Obermühle 21" das zum Museum gestaltete Geburtshaus von Adolph Kolping (Öffnungszeiten nach Vereinbarung unter Tel. 02237/37 28, Eintritt frei). Zahlreiche Schlösser und Burgen liegen in der nahen Umgebung.

Besonderheiten

Diese Wanderung ist (bis auf einen abkürzenden Pfad durch eine Senke im Bereich des Marienfelds, die über einen Umweg kompensiert werden kann) barrierefrei angelegt. Am Marienfeld gleich hinter der Burg Mödrath befinden sich ein Parkplatz und eine Bushaltestelle in der Nähe, sodass Wanderungen über die Wegenetze des renaturierten Areals direkt von hier aus durchgeführt werden können. Wichtig: Für die beschriebene Rundwanderung sollte ausreichend Proviant mitgenommen werden.

Dauer

Wegen der Besichtigungspunkte unterwegs ca. 4 bis 5 Stunden

Länge

Ca. 13 Kilometer

Wanderkarte

Freizeitkarte „Kerpen und das Marienfeld"; die Karte mit vielen Informationen über die Sehenswürdigkeiten der Region und Längenangaben der angebotenen Wander- und Radwege kann im Internet unter **www.naturpark-rheinland.de** gegen eine Schutzgebühr von 1,- Euro angefordert werden.

Einkehrmöglichkeiten

In Kerpen zahlreiche, mehr unter **www.kerpen-tourismus.de** oder Tel. 02273/985 80

Internet

www.erzbistum-koeln.de
www.stadt-kerpen.de
www.kirche-kerpen.de
www.kath-kirche-rhein-erftkreis.de
www.eifelvereinkerpen.de

DURCH NATURSCHUTZGEBIET
ZUM Marienfeld

Diese Rundwanderung liegt gut zehn Kilometer von der Grenze zum Bistum Aachen entfernt. Sie führt von der Kolping-Stadt Kerpen aus durch ein unter Naturschutz gestelltes Waldgebiet bis hin zum berühmt gewordenen Marienfeld. Zur Erinnerung: Auf dem hier errichteten Papsthügel fand der XX. Weltjugendtag in Köln am 20./21. August 2005 mit der nächtlichen Vigil-Feier und dem Abschlussgottesdienst am darauffolgenden Morgen seinen Höhepunkt. Mehr als 1,1 Millionen Menschen, darunter die rund 800.000 jungen Dauerteilnehmer des Treffens aus mehr als 190 Ländern, hatten damals Papst Benedikt XVI. zugejubelt. Ein für viele Gläubige unvergessenes Ereignis, an dessen Zustandekommen der Kölner Kardinal Joachim Meisner einen großen Anteil hatte.

Doch nun zur Wanderung: Vom Parkplatz hinter dem Neuen Kerpener Rathaus führt der Weg in Richtung Rathaus bis zur quer verlaufenden Hauptverkehrsstraße. Es geht nach rechts durch die Hahnenstraße in Richtung Stadtmitte. An der nächs-

Marienfeld und Papsthügel im Vorfrühling

Naturschutzgebiet hinter Kerpen im Vorfrühling

ten großen Kreuzung sehen wir rechts den hohen Turm der Pfarrkirche St. Martinus. Wir müssen aber nach links in die Kölner Straße und wählen die rechte Bürgersteigseite. Nach wenigen Minuten Richtung stadtauswärts biegen wir rechts ab in den Broicher Weg, dem wir bis zum Linksabzweig in die Broichmühlenstraße folgen. Hier sehen wir das Wanderzeichen „K 1", das uns bis zum Marienfeld und durch dieses ehemalige Braunkohlentagebaugebiet hindurch begleitet.

Bald überqueren wir die Autobahn. Nach einer Rechtskurve erstreckt sich links das Naturschutzgebiet. Die in manchen Karten vermerkte Broichmühle gibt es nicht mehr. Die Straße macht vor einem Wohnhaus eine Linksbiegung. Links sehen wir das „Neue Forsthaus". Gleich dahinter beginnt der gut begehbare Waldwanderweg. Wir folgen immer dem Wanderzeichen „K 1". An der nächsten Gabelung wählen wir den Weg rechts über die Brücke, es schließen sich noch zwei weitere Bachüberquerungen an. Bereits in Sichtweite der L 163 erreichen wir den Erftflutkanal, über den sich eine breite Holzbrücke spannt.

Auf der anderen Seite wandern wir inmitten von jetzt freien Feldflächen bis zur nächsten Wegekreuzung. Hier geht es nach links, dann eine längere Strecke geradeaus. Hinter der Rechtskurve laufen wir zur Landstraße. Vorsicht beim Überqueren der stark befahrenen Straße! Bald wandern wir auf ein Brückchen und eine Unterführung zu. Davor geht es links ab, dem „K 1"-Zeichen nach. Später wird dieser breite Weg links von einem Bachlauf begleitet. Er endet direkt an der Straße, die an der Burg Mödrath vorbeiführt. Diese begehen wir nach rechts. Hinter der Unterführung fällt links der „Dressurstall Gut Mödrath" ins Auge. Die Straße mündet bald auf dem Parkplatz „Marienfeld".

Wir gehen ein paar Treppenstufen hinauf und erreichen die Aussichtsplattform am Marienfeld mit Holzbänken und -tischen zum Rasten, mit mehreren Info-Tafeln zu diesem ehemaligen Braunkohlegelände sowie zum Weltjugendtag 2005. Ein Gedenkstein und eine weitere Schautafel erinnern an das alte Mödrath. Dieser Orte musste, wie viele andere in dieser Region, dem Braunkohlenabbau weichen.

Das „K 1"-Zeichen führt uns nach kurzer Rast rechts die Treppen hinunter hin zum Hauptweg, der rechts von einem Zaun gesäumt wird. An der ersten leichten Rechtskurve wäh

Burg Mödrath im Spätsommer

Der Boisdorfer See

len wir einen kurzen Pfad links ab, der durch eine Senke führt. Für Rollstuhlfahrer ist die Nutzung dieser Abkürzung nicht möglich. Sie sollten auf dem Hauptweg bis zur nächsten Gabelung bleiben, wo es scharf links zurück und dann in einem weiten Rechtsbogen in Richtung Papsthügel geht. Wer die Senke nutzt, stößt nach kurzem Anstieg auf den breiten Querweg. Diesem folgen wir nach links. Bald sehen wir auf der rechten Seite ein Wegekreuz, das an das Kriegsende in Mödrath am 2. März 1945 erinnert. Halbrechts blicken wir bei freier Sicht auf den Papsthügel, zu dem ein Hauptweg führt.

Wem die Ansicht aus der Ferne auf den Hügel mit dem markanten Kreuz genügt, der geht an der nächsten Wegkreuzung links abwärts. An dem Biotop-Hinweisschild auf der rechten Seite, das auf den Boisdorfer See verweist, ist das „K 1"-Zeichen angebracht. Der Name dieses Rekultivierungssees, den wir bald erreichen, ist nach einem Ort benannt, der ebenso wie Mödrath dem Braunkohlentagebau in den 1950er Jahren weichen musste. Nun wandern wir eine längere Strecke entlang dem Seeufer. Am Ende führt der Weg leicht bergan. Auf der Höhe steht links ein weiteres Wegekreuz in Erinnerung an die genannte Ortschaft. An der etwas versetzten Kreuzung gehen wir geradeaus in Richtung der Wohnhäuser und der Schallschutzwand. Am nächsten Querweg führt unser Rundkurs nach links, dann geht es in unmittelbarer Nähe zu der Ortschaft Götzenkirchen ein Stückchen bergauf.

Hier wählen wir den Weg, der um eine neue Wohnsiedlung direkt an der Schallschutzwand der Autobahn in einem Linksbogen hinunterführt. Im Ortskern von Götzenkirchen selbst befindet sich – links sichtbar – die St. Cyriakus-Kirche, an der der Jakobsweg (Teilstück Köln – Düren) vorbeiführt. An diesen stoßen wir an der nächsten Querstraße. Eine Fußgängerampel garantiert das sichere Überqueren. Wir befinden uns nun auf der Wallraffstraße. Hinter der quer verlaufenden Hammersbacher Straße biegen wir links ab und gehen durch ein Wohngebiet bis zur Cyriakusstraße. An der rechten Seite lädt ein altes Wegekreuz zum Innehalten ein.

Wegekreuz in Götzenkirchen

Am Stiftsplatz

Wir folgen nach rechts der gelben Muschel auf blauem Grund, also dem Zeichen des Jakobswegs, gehen nach wenigen Metern aber wieder links ab, dem „K 1"-Zeichen nach, das uns durch das Wohngebiet „Im Alten Hof" führt. Am Ende gelangen wir an einen Kreisverkehr. Von hier geht es nach rechts in Richtung Türnich. Der parallel zur L 163 verlaufende Fahrradweg mündet nach etwa zwei Kilometern in eine Kreuzung. Links sehen wir wieder die Burg Mödrath. Rechts führt die Straße direkt nach Kerpen. Wir nutzen rechtsseitig den Fahrrad- und Fußgängerweg, der bald über den Erftflutkanal führt. Nach gut einem Kilometer kommen wir an den nächsten Kreisverkehr, gehen dort kurz nach rechts, überqueren den Zubringer zur Autobahn und wählen den auf der anderen Seite zwischen den Wohnhäusern verlaufenden Fußweg. Dieser führt über die von hohen Bäumen gesäumte Alte Landstraße in Richtung Neues Rathaus, unserem Ausgangspunkt. Bevor wir diesen erreichen, unterqueren wir noch eine geschwungene Fußgängerbrücke, die nach Adolph Kolping benannt ist und gehen rechts am Friedhof der Stadt vorbei.

Die Kolping-Stadt Kerpen

Das Umland von Kerpen, am westlichen Rand des Erzbistums Köln und innerhalb des Naturparks Rheinland gelegen, hat sich zu einem hervorragenden Wander- und Fahrradparadies entwickelt. Da lockt die Auenlandschaft der Erft als wichtiger Lebensraum für viele Tier- und Pflanzenarten, da wechseln weite Felder und Wiesen mit schattigen Wäldern, da schließt sich östlich der Flussaue der Villerücken mit den rekultivierten Gebieten an.

Doch zunächst Kerpen selbst: Die einen verbinden mit dieser Stadt, die sich aus insgesamt acht Gemeinden zusammensetzt, die Rennfahrer-Brüder Ralf und vor allem Michael Schumacher. Andere suchen Kerpen auf, um sich mit dem Lebensweg des katholischen Priesters und Gesellenvaters Adolph Kolping zu befassen. An einigen Orten innerhalb des Stadtgebiets stößt man auf Erinnerungen an den am 8. Dezember 1813 in Kerpen geborenen und hier unter einfachsten Verhältnissen aufgewachsenen Handwerker und späteren Geistlichen.

Das Kolping-Museum

Kolping-Statue auf dem Vorplatz der St. Martinus-Kirche

Da ist in der Straße „Obermühle" zunächst das zu einem Museum ausgestaltete Geburtshaus des Gründers der „Kolpingbewegung" zu nennen, das nach telefonischer Absprache (s. S. 112) besichtigt werden kann. Rund 500 Meter davon entfernt erreicht man die Stiftskirche St. Martinus. Im Schatten dieses sehenswerten Gotteshauses steht auf einem Vorplatz ein Bronzestandbild Adolph Kolpings. In unmittelbarer Nähe zeigen vier Steinplatten Stationen aus dem Leben des Gesellenvaters. Im Seitenschiff der Kirche befindet sich der Altarstein, an dem Kolping seine Heimatprimiz feierte. An der nahen Kölner Straße steht das Kolpinghaus.

Übrigens: Anlässlich des Weltjugendtags 2005 entstand der „Adolph Kolping Pilgerweg", der vom Kölner Dom – an sieben Stelen vorbei – auf einer Streckenlänge von rund 25 Kilometern bis zum Marienfeld verläuft. Zudem gibt es den von der Kolpingfamilie in Kerpen geschaffenen „Adolph Kolping Lebensweg", der – 28 Kilometer lang – vom Geburtshaus Kolpings bis zu seinem Grab in Kölns Minoritenkirche führt (www.kolping.de).

Weitere interessante Ziele befinden sich in und um Kerpen: so das Haus für Kunst und Geschichte, das – gleich in der Nähe der St. Martinus-Kirche – in der Stiftsstraße 8 untergebracht ist. In einem Leseraum können hier Dokumente und Bücher zur Geschichte der Region eingesehen werden. Auch mit Werken einheimischer Künstler macht diese Einrichtung vertraut. Freunde des Hobby-Rennsports kommen in Kerpen auf ihre Kosten, denn da gibt es das „MS Kart- und Event-Center" von Michael Schumacher (www.ms-kartcenter.de). Wer Vergangenem nachspüren will: In der Villa Trips befindet sich das Museum für Rennsportgeschichte. Unter anderem wird hier an den berühmten Rennfahrer Graf Berghe von Trips erinnert, der 1961 bei einem Grand Prix in Monza tödlich verunglückte (www.automobil-rennsport.de).

Die Qual der Wahl haben in dieser Gegend Liebhaber von Schlössern, Burgen und alten Mühlen. Unter einem guten Dutzend historischer Bauten, die hier angesiedelt sind, ist Schloss Loersfeld (www.schlossloersfeld.de) zu nennen, das in Deutschland zu den schönsten Anlagen seiner Art zählt. In dem Schloss, das ein herausragendes Gourmetrestaurant beherbergt, finden zahlreiche Kulturveranstaltungen statt. Nur wenige Kilometer vom Stadtkern Kerpens entfernt befindet sich das spätbarocke Schloss Türnich (Tel. 02237/97 46 70) inmitten der Erftaue. Es ist von einem Park mit altem Baumbestand umgeben, zudem lockt ein Hofcafé. Auch die Burgen Niederbolheim, Blatzheim und Bergerhausen, das Schloss Gymnich (www.schlossgymnich.de) mit seiner gehobenen Küche oder die Mühlen in Sindorf und Horrem sind allesamt lohnende Ausflugsziele. Allerdings geht das nicht alles an einem Tag, versteht sich.

Hinter **Alt-Kaster**
durch neues Grünland

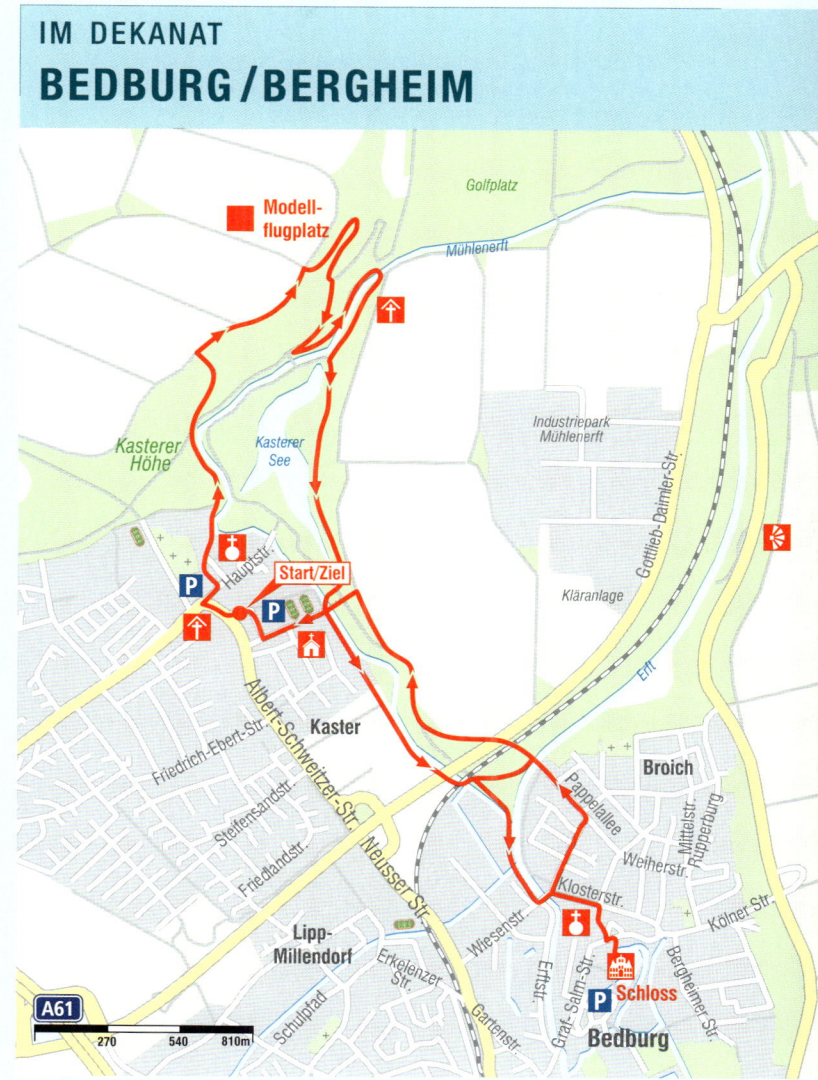

Modell-
flugplatz

Golfplatz

Mühlenerft

Kasterer
Höhe

Kasterer
See

Industriepark
Mühlenerft

Start/Ziel

Kläranlage

Erft

Kaster

Broich

Pappelallee

Weiherstr.

Albert-Schweitzer-Str.

Friedrich-Ebert-Str.

Steffensandstr.

Friedlandstr.

Neusser Str.

Klosterstr.

Kölner Str.

Lipp-
Millendorf

Erkelenzer
Str.

Wiesenstr.

Erftstr.

Grat-Salm-Str.

Gartenstr.

Schulpfad

Schloss

Bedburg

A61

270   540   810m

Hinter Alt-Kaster
durch neues Grünland

Lage

Kaster zählt knapp 5.000 Einwohner. Sehenswert ist vor allem das historische Alt-Kaster. Die katholische Kirche St. Georg in Alt-Kaster gehört zum Seelsorgebereich Bedburg, der Bestandteil des Kreisdekanats Rhein-Erft-Kreis ist. Einige Kilometer von Alt-Kaster in westlicher Richtung befindet sich die Grenze zum Bistum Aachen.

Anfahrt

Pkw: von Köln die A 61 bis Abfahrt Bedburg, dann Richtung Bedburg und am Zubringer links der Beschilderung „Kaster" folgen; von Düsseldorf über die A 44 bis zum AK Jackerath, dort auf die A 61 bis Ausfahrt Bedburg, weiter wie oben

ÖPNV: von Köln (Hbf) mit der Regionalbahn bis nach Bedburg, von dort mit der Buslinie 975 der REVG (Tel. 02271/80 01 13) nach Kaster

Start- und Zielort

Alt-Kaster gehört zur rund 25.000 Einwohner zählenden Stadt Bedburg im Rhein-Erft-Kreis. Der Ort mit Burg und Vorburg, von einer Stadtmauer umgeben, bietet ein nahezu geschlossenes Bild mittelalterlicher Städtebaukunst. Gleich hinter Alt-Kaster erstreckt sich ein inzwischen renaturiertes ehemaliges Braunkohlegebiet, durch das die Rundwanderung führt. Wendepunkt dieser Route ist Bedburg.

Besonderheiten

Da Bedburg einen Bahnhof hat, kann die Wanderung auch an dem dortigen Wasserschloss beginnen. Allerdings sollte man dann für den Aufenthalt in Alt-Kaster mehr Zeit einplanen.

Dauer

Wegen des Aufenthalts in Bedburg mit den dortigen Besichtigungspunkten sollten gut 3 Stunden veranschlagt werden.

Länge

10 Kilometer

Wanderkarte

Wanderkarte NRW LVA Nr. 45 „Bedburg und Bergheim", 1:25.000; Stadtplan „Bedburg Elsdorf", zu beziehen im örtlichen Rathaus (Tel. 02272/402-122) oder in örtlichen Buchhandlungen

Einkehrmöglichkeiten

In Bedburg zahlreiche, darunter das traditionsreiche Haus
Café Kraus, Tel. 02272/25 14, **www.cafe-kraus.de**,
in Alt-Kaster Landhaus *Danielshof*, Tel. 02272/980-0, **www.danielshof.de**
und *Pfannkuchenhaus*, Tel. 02272/90 28 90, **www.pfanntastisch.de**

Internet

www.erzbistum-koeln.de
www.bedburg.de
www.alt-kaster.de

UM DEN KASTERER SEE
NACH Bedburg

Die Verlockung ist groß. Denn gleich zu Beginn der Wanderung wartet das eindrucksvolle Agatha-Tor, das durchschritten sein will, hinein in die mittelalterliche Szenerie von Alt-
Kaster. Doch wir bleiben unserer Linie treu: Erst laufen, dann
besichtigen und bummeln. So starten wir diesen Rundweg
am großen Parkplatz gleich am Ortseingang (rechts) und gehen in Richtung des Orts bis zur nahen Linkskurve der Straße,
wo an der linken Seite das 1904 errichtete Wegekreuz zu Ehren des heiligen Georgius ins Auge fällt. Der Spruch auf dem
Sockel lautet: „Wanderer siehe deinen Erlöser".

Das Georgius-Kreuz am Ortseingang von Kaster

Fernblick über Neuland

In Höhe dieses Kreuzes geht es nach rechts auf besagtes Stadttor zu. Davor biegen wir nach links in den Park. Eine Tafel am Anfang der Strecke informiert darüber, dass hier der „Werwolf"-Wanderweg beginnt. Dieser erinnert an den Bauern Peter Stubbe aus Epprath, der im Jahr 1589 wegen Werwolferei öffentlich hingerichtet wurde. Dieser Mythos von angeblichen Untaten der Werwölfe geht auf die Steinzeit zurück, in der sich Jäger in Teile von Wolfsfellen hüllten. Sie glaubten, den Mut und die Tapferkeit dieser Raubtiere so auf sich übertragen zu können. Im Mittelalter wurden Werwolferei und Hexerei mit dem Ergebnis verfolgt, dass man viele unliebsame Menschen hinrichtete. – Das Werwolf-Wanderzeichen wird uns fortan öfter begegnen. Allerdings weist es nicht lückenlos den Weg, weil einige Markierungen wohl mutwillig zerstört wurden und nun fehlen.

Der Parkweg führt ein Stück entlang der rechts von uns parallel verlaufenden Stadtmauer. Am Ende, wo sie abknickt, folgen wir dem engeren Pfad geradeaus. Bald erreichen wir den rechtsseitig fließenden Wasserlauf der Mühlenerft, von dichten Büschen und Laubbäumen gesäumt, dann geht es über eine Holzbrücke hin zu einem Hauptweg. Diesen überqueren wir. Auf der anderen Seite befindet sich der – etwas versteckt aufgestellte – Wegweiser „Wolfgangstieg".

Inzwischen befinden wir uns auf dem rekultivierten Gelände einer ehemaligen Tagebau-Grube des Rheinischen Braunkohlereviers. Der schmale Pfad führt nach rechts durch junges Baumgrün stetig leicht bergan. Am Ende erreichen wir den Treppenaufgang zum Wolfgangstieg, der uns auf die Kasterer Höhe bringt. Oben angekommen, werden wir mit einem weiten Fernblick belohnt. Wir sehen mehrere Windkraftanlagen. Die weißen Dampfwolken des Neurather Kraftwerks, die in nordöstlicher Richtung aufsteigen, erinnern daran, dass andernorts in dieser Region immer noch riesige Mengen Braunkohle abgebaut werden.

Wir biegen vom Treppenaufstieg nach rechts auf den breiten Feldweg. Linksseitig befinden sich weite Felder, rechts säumt der junge Wald die Strecke. Nach kurzer Zeit sehen wir rechts einen markanten Felsblock mit einer Aufschrift. Der Stein erinnert an die frühere Ortschaft Darshoven, die – wie

Erinnerung an ein verschwundenes Dorf

Wasserschloss Bedburg

einige andere Gemeinden in dieser Region – vor vielen Jahren den riesigen Braunkohle-Baggern weichen musste. Die Menschen wurden unter anderem außerhalb des alten Ortskerns von Kaster umgesiedelt. Nach einer lang gezogenen Linkskurve nehmen wir nun den gut ausgebauten Wanderweg, der rechts abwärts in Richtung Kasterer See führt. Es folgt eine scharfe Rechtskurve. Und an der nächsten Linkskurve verlassen wir den Hauptweg nach rechts, passieren in Höhe des Rastplatzes den großen Querweg und folgen dem kleineren Pfad zwischen Birken, der weiter abwärts führt. Im Tal erreichen wir eine größere Weggabel. Wir gehen leicht rechts geradeaus und erblicken nach wenigen Metern links eine Brücke, über die wir den nächsten Querweg erreichen. Wir biegen nach links und passieren dann eine weitere Brücke am nördlichen Ausläufer des Kasterer Sees, der mit zu dem renaturierten Gebiet gehört.

Wir erblicken ein Holzkreuz, das an den Tod eines elfjährigen Jungen erinnert, der in der Nachkriegszeit gestorben war.

Wir biegen nach rechts ab. Jetzt geht es immer geradeaus, rechter Hand sehen wir durch dichtes Laubwerk das Seeufer. Am Ende gelangen wir wieder an einen Querweg und biegen nach links ab. Gleich danach nehmen wir rechts den Weg über die Brücke. In Höhe der Hausgärten biegt zuvor ein Weg nach links ab. Diese Strecke führt uns immer geradeaus (nicht nach rechts abbiegen), linksseitig fließt wieder die Mühlenerft. Bald hören wir den Verkehrslärm der L 213, die wir unterqueren. Gleich danach folgt die Unterführung der parallel hinter der Straße verlaufenden Zugstrecke. An einer Bank unmittelbar an der Erft müssen wir nun rechts über die kleine Brücke, dann geht es nach links über den befestigten Weg in Richtung Bedburg. Der Weg endet an einer Querstraße, die uns nach links über die Erftbrücke zur Innenstadt führt. Direkt hinter der Brücke biegen wir rechts in die Klosterstraße ein. Vor dem Krankenhaus auf der rechten Seite geht ein Fußweg rechts ab, der uns zur Pfarrkirche St. Lambertus führt.

Der Vorgängerbau dieses Gotteshauses gehörte ursprünglich zu einem Augustinerkloster. Die Mönche waren von 1299 an für die Seelsorge zuständig. Nach der Säkularisation wurde die Klosterkirche zur Pfarrkirche. Wegen Baufälligkeit musste sie 1823 abgebrochen werden. Zwischen 1891 und 1894 erstand der heutige Bau in neugotischem Stil. Im Frühjahr 1972 wurde das Gotteshaus aus Sicherheitsgründen wegen Bergbauschäden geschlossen. Erst sechs Jahre später konnte die Kirche nach umfangreichen Restaurierungsarbeiten wieder freigegeben werden. Der damalige Kölner Kardinal Josef Höffner feierte mit den Gläubigen das erste Pontifikalamt nach der Wiedereröffnung. Im Innenraum der Kirche fällt ein aus Eichenholz geschnitzter Hochaltar aus dem Jahr 1896 auf. Im zugeklappten Zustand sind Szenen mit Darstellungen aus dem Leben des heiligen Lambertus zu sehen. Als herausragende Zeugnisse der Bildmalerei im Nazarener Stil gelten die vor gut 100 Jahren geschaffenen 14 Kreuzwegstationen.

Von der Kirche geht es nun zum wenige Minuten entfernten Wasserschloss Bedburg. Dafür überqueren wir den angrenzenden Marktplatz und biegen dann vor dem Rathaus die

Die Kirche St. Lambertus

Straße nach rechts ab. Hinter der nahen Brücke macht die Geschäftsstraße eine Linkskurve. Bald sehen wir links einen Torbogen. Bis Ende 2010 konnte man durch diesen Zugang das Wasserschloss der Stadt erreichen. Das im Jahr 1240 erstmals urkundlich erwähnte mächtige Gebäude war lange Zeit über im Besitz der Grafen von Salm-Reifferscheid sowie der von Neuenahr. Das Schloss ist heute Veranstaltungsort für kulturelle Ereignisse aller Art. Auch Konferenzen und Tagungen finden hier statt. Zudem sind in dem von einer herrlichen Parkanlage umgebenen Wasserschloss auch Wohneinheiten entstanden. Unmittelbar nach dem Zweiten Weltkrieg war der Bau zeitweise von Schulen genutzt worden. Allerdings: Wegen fortschreitender Baufälligkeit wurde im November 2010 der Abriss der 1842 eröffneten Rheinischen Ritterakademie, ein späterer Erweiterungsbau, beschlossen. Nach der Beendigung dieser Arbeiten wird das Wasserschloss in seiner ursprünglichen Form verbleiben. Während der Abrissmaßnahmen kann das Schloss voraussichtlich nur vom nahe gelegenen Parkplatz aus besucht werden. Für einige Zeit dürfte dann auch der mit „B" bezeichnete Weg um die Teichanlage nicht durchgängig sein.

Vom Schloss wandern wir zurück zur St. Lambertus-Kirche und weiter zur Klosterstraße, die wir nun in entgegen gesetzter Richtung gehen. In der Linkskurve vor der Brücke biegen wir nach rechts in den Nachtigallenweg ein. Diese Wohnstraße begehen wir bis zum Ende und biegen dann in die quer verlaufende Pappelallee nach links ab. Nun erreichen wir in Höhe eines Wegekreuzes auf der rechten Seite die Brücke, die uns wieder auf die andere Seite der Erft führt. Von hier aus sind es knapp zwei Kilometer bis Alt-Kaster.

Hinter der Brücke nehmen wir den zweiten Weg nach links, wie auf dem Hinweg unterqueren wir wieder die Bahnlinie sowie die L 213. Allerdings wählen wir nun den Fahrradweg geradeaus. An der nächsten Wegkreuzung geht es links über die Brücke dem Zeichen „A 2" nach. An den Wohnhäusern folgen wir der schmalen Teerstraße, die an der Sportanlage (rechts) vorbeiführt. Links befindet sich die Epprather Marienkapelle. Von hier sieht man halbrechts bereits den großen Parkplatz, an dem unsere Wanderung endet.

Epprather Marienkapelle

Alt-Kaster – wo das Mittelalter lebendig wird

Nach dem Zweiten Weltkrieg galt Kaster mit seinen 731 Einwohnern (1955) als zweitkleinste Stadt im gesamten Bundesgebiet. Seit der kommunalen Neugliederung Mitte der 1970er Jahre ist der Ort, durch Umsiedlungen auf mehr als 5.000 Menschen angewachsen, ein Stadtteil von Bedburg. Der Besuch von Alt-Kaster ist ein Erlebnis. Denn sobald das Agatha-Tor durchschritten wurde, blickt der Besucher auf alte Giebelhäuser, schlendert durch enge Gassen, gelangt zum sich öffnenden Marktplatz mit einer Kreuzigungsgruppe an einer Hauswand, erblickt die Pfarrkirche St. Georg und läuft bis zum Erfttor mit der Wassermühle an der Ostseite des Orts. Das alles und noch mehr ist von einer intakten Stadtmauer mit Türmen und schmalen Pflasterwegen an den Innenseiten umgeben. Völlig zu Recht wird das erstmals im Jahr 1148 erwähnte Kaster als mittelalterliches Kleinod bezeichnet.

Dabei hätte auch dieser Ort den riesigen Schaufelradbaggern innerhalb des Braunkohlentagebaus zum Opfer fallen können; denn die Flöze, die sich unter Alt-Kaster befinden,

galten als überaus ergiebig. Doch „engagierte Bürger und verantwortungsbewusste Politiker" sind es gewesen, wie der Heimatforscher Ludwig Theißen in seiner Schrift „Bedburg-Kaster" betont, die die entsprechenden Abbaupläne verhinderten. Allerdings fraßen sich gleich hinter dem Erfttor die Bagger-Giganten ins Erdreich. Ein von Bäumen und Sträuchern umgebenes weißes Wegekreuz – noch in Sichtweite zum Ort – markiert, wo einst das „braune Gold" abgebaut wurde.

Alter Befestigungsturm

Die alte Pfarrkirche, nicht immer geöffnet, hat über die Jahrhunderte viele unruhige Zeiten überdauert. Sie ist Sankt Georg geweiht, ein vom Adel in der Zeit des Hochmittelalters bevorzugter Heiliger. Eine Holzschnitzfigur mit Goldauflage, gleich neben der um das Jahr 1785 errichteten Kanzel angebracht, stellt den Schutzpatron dar. Am Anfang stand wohl eine kleinere Kapelle an dem Platz der heutigen Kirche. Kriege und vor allem ein verheerender Stadtbrand im Jahr 1624

Kreuzigungsgruppe am Marktplatz

zerstörten das Gotteshaus. Danach konnte es nur notdürftig wiedererrichtet werden. Erst 1785 wird von einem umfassenderen Neuaufbau berichtet, wobei der mächtige Turm in Teilen erhalten geblieben war. Auch in der Nachkriegszeit ist die Kirche mehrfach gründlich saniert worden. In dem Gotteshaus zählen der Hauptalter, die beiden Nebenaltäre, die kunstvoll gearbeitete Kommunionbank, die Orgel sowie ein Kreuzweg aus dem vergangenen Jahrhundert zu den Besonderheiten der Innenausstattung.

Besonders die älteren Menschen des Orts sind heilfroh, dass die einstige Kraterlandschaft gleich um die Ecke inzwischen ein renaturiertes Wandergebiet ist. Und so kommen die Besucher wie in früheren Zeiten, um das historisch wertvolle Alt-Kaster zu bestaunen. Übrigens: Die erwähnte Broschüre über die wechselvolle Geschichte des Orts ist im einzig verbliebenen „Tante Emma"-Laden am Marktplatz erhältlich. Besitzerin Anneliese Wallenfang, die trotz unruhiger Braunkohle-Zeiten im Ort verblieb, weiß eine Menge zu erzählen. Einige Restaurants und Cafés bieten sich an, diesen Wandertag gemütlich ausklingen zu lassen.

„Friedenskapelle" und
Kloster Langwaden

IM KREISDEKANAT
RHEIN-KREIS NEUSS

Links: Statue des hl. Bernhard von Clairvaux vor dem Kloster Langwaden

„Friedenskapelle" und Kloster Langwaden

Lage

Kapellen an der Erft ist ein Stadtteil von Grevenbroich. Die hier bestehende katholische Gemeinde St. Clemens gehört zum Seelsorgebereich Grevenbroich-Niedererft, der wiederum dem Kreisdekanat Rhein-Kreis Neuss angeschlossen ist.

Anfahrt

Pkw: von Köln die A 57 bis AK Neuss-West, dort die A 46 bis Kapellen, dann der Beschilderung auf der L 361 folgen, die Neusser Straße bis in die Ortsmitte nehmen, dort an der großen Kreuzung rechts ab und über die Talsstraße bis zum beschrankten Bahnübergang, davor rechts zum Bahnhof; aus Richtung Düsseldorf/Wuppertal über die A 46 zur A 57 bis zum AK Neuss-West, dann weiter wie oben

ÖPNV: von Köln oder Düsseldorf mit den Regionalbahnen bis Kapellen-Wevelinghoven

Start- und Zielort

Kapellen liegt im Dreieck Köln – Düsseldorf – Mönchengladbach und gehört zum Rhein-Kreis Neuss. Dieser Stadtteil von Grevenbroich ist wegen seiner verkehrsgünstigen Lage idealer Ausgangspunkt für die folgende Rundwanderung. Besondere Anziehungspunkte sind Schloss Hülchrath und Kloster Langwaden in unmittelbarer Nähe.

Besonderheiten

Nur 4 Kilometer von Kapellen entfernt befindet sich das „Museum Insel Hombroich". Durch eine rund 20 Hektar große Parkaue führt ein Wegenetz vorbei an Außenanlagen mit Skulpturen hin zu Kunsthallen und -räumen mit teilweise wechselnden Ausstellungen. Mehr zu dieser besonderen Präsentationsform zwischen Kunst und Natur finden Sie unter **www.inselhombroich.de**.

Dauer

Reine Laufdauer ca. 2 Stunden, zuzüglich Aufenthalte auf dem Schloss- und dem Klostergelände

Länge

8 Kilometer

Wanderkarte

Buch „Wanderungen im Kreis Neuss" mit Karte 1:50.000, erhältlich beim Rhein-Kreis Neuss, Abteilung für Presse- und Öffentlichkeitsarbeit (Tel. 02131/928 13 01)

Einkehrmöglichkeiten

Gastronomie im Kloster Langwaden, Tel. 02182/88 02-0, in Kapellen Backhaus *Café Pesch*, Tel. 02182/24 87, **www.cafe-pesch.de**, Hotel-Restaurant *Drei Könige*, Tel. 02182/27 84

Internet

www.erzbistum-koeln.de
www.klosterlangwaden.de
www.st.-clemens-kapellen.de
www.schlosshuelchrath.com

VON KAPELLEN DURCH DAS LAND DER Niedererft

Ausgangspunkt unserer Wanderung ist das ältere Bahnhofs-gebäude des Grevenbroicher Stadtteils Kapellen an der Erft. Mit dem Rücken zur Gleisstrecke gehen wir links sanft bergab durch die Josef-Thienen-Straße. Sie führt durch ein Wohnge-biet bis hinunter zur Neusser Straße. Diese überqueren wir vor-sichtig, biegen nach rechts ab und nutzen den Fußgängerweg an der stark befahrenen Zubringerstraße in Richtung Stadt-mitte.

Bald sehen wir einen kleinen Platz vor dem Backhaus „Café Pesch" und dem Hotel „Drei Könige". Hier geht es links ab in die schmale Gilverather Straße hinein. Wir folgen dem Weg-weiser zur „Friedenskapelle". Dieser 1989 mitten in einem Wohngebiet errichtete Sakralbau mit dem zehn Jahre später separat erbauten Glockenturm ist ein willkommener besinn-licher Ort zum eigentlichen Auftakt unserer Rundwanderung

Die Erft bei Neubrück

Die „Friedenskapelle" in Gilverath

durch das flache Erft-Land mit seinen Höfen, Feldern und Wäldern. „Für den Frieden in der Welt erbaut und zur Erinnerung an die ehemalige Pfarrgemeinde von Gilverath" ist auf einer Tafel im Inneren der Kapelle zu lesen. Das eingerahmte Schriftstück erklärt zudem ausführlich die Baugeschichte.

Wir verlassen dieses liebevoll gestaltete und mit Sitzbänken ausgestattete Areal und gehen über die Copernicusstraße zurück. Schon bald führt die Strecke links ab über die Gilverather Straße zum Ortsausgang. Rechts passieren wir das Schild „Landschaftsschutzgebiet". Wir erreichen einige Häuser. An der Straßengabelung halten wir uns rechts. Die schmale Straße führt leicht bergab. Wir passieren links ein Wegekreuz und gehen weiter geradeaus. Bald endet die Straße, die zum reinen Fußgängerweg wird, der in eine kleine Querstraße mündet. Hier müssen wir nach rechts abbiegen und erreichen die ersten Häuser der Ortschaft Neubrück.

Bevor wir an die Straße K 33 in Richtung Hülchrath stoßen, sehen wir auf der linken Seite einen Bildstock mit Maria und Kind. Wir gehen auf dem Fußgängerweg rechts an der Bushaltestelle „Neubrück" vorbei in Richtung Ortsausgang. Dort erreichen wir die Erftbrücke mit einem herrlichen Blick (rechtsseitig) auf den geteilten Flusslauf. Wir nutzen nun den Fußgänger-/Fahrradweg, der uns nach etwa zwei Kilometern – vorbei an der Ortschaft Mühlrath – direkt zum Ortseingang von Hülchrath führt.

Das erste Teilziel dieser Wanderung ist erreicht. Wir überqueren den Gillbach und folgen dem Schild „Schloss Hülchrath", das nach rechts zeigt. Rasch gelangen wir zu der von Wassergräben, saftigen Wiesen und hohem Baumbestand umgebenen Burg. Auf ihrem Vorplatz finden gelegentlich mittelalterliche Märkte statt. Auch Hochzeiten und andere Feste können in diesem Schloss, das sich in Privatbesitz befindet, gefeiert werden (mehr zum Schloss s. S. 143ff.). Übrigens: Auch von der Ortsmitte aus – in Höhe der Kirche St. Sebastianus – kann das imposante Gebäude über den Hauptzugang durch einen mächtigen Torbogen erreicht werden.

Schloss Hülchrath

Nach Besichtigung und einer kurzen Rast gehen wir zurück zur Landstraße. Wir müssen nun nach links wieder bis zum Gillbach gehen und biegen gleich hinter dem Überweg links ab in den Feld- und Waldweg mit der Kennzeichnung „A 6". Es geht nun schnurstracks entlang dem Bachlauf, der uns links-seitig – in entgegensetzter Fließrichtung – begleitet, zum Kloster Langwaden. Wir kommen zügig voran, zumal uns das Wanderzeichen sicher zum nächsten Teilziel führt. Vor einer alten Eisenbrücke macht der „A 6"-Rundwanderweg – in Hör-weite der L 142 – einen Rechtsknick. Von hier aus führt uns der Weg auf den seitlichen Trakt des Zisterzienserklosters Langwa-den zu. Gute 20 Minuten haben wir für die Strecke vom Schloss bis hierhin benötigt.

Andachtsraum in der Klosterkirche

Kreuzwegstation an der Klostermauer

Die Klosteranlage ist von altem Baumbestand und gepflegten Grünanlagen umgeben. Die Statue des hl. Bernhard von Clairvaux weist direkt am Eingang zur Klosterkapelle den Weg in das schlichte Gotteshaus. Diese Figur wie auch die eindrucksvollen Kreuzwegstationen entlang der Klostermauer sind Werke der im Dezember 2008 in Grevenbroich verstorbenen Künstlerin Anneliese Langenbach. Nicht nur die Seele, auch der Leib kann hier ausgiebig Stärkung erfahren, in der Kloster-Schenke, im Kloster-Keller oder im Kloster-Biergarten (mehr zum Kloster Langwaden s. S. 145).

Nun geht es gute drei Kilometer durch Wald und Feld wieder nach Grevenbroich-Kapellen – ein landschaftlich sehr schöner Streckenabschnitt. Wir verlassen das Klostergelände dort, wo wir es erreicht hatten. Hinter dem seitlichen Ausgang geht es nach links über die kleine Parkplatzfläche in Richtung Wanderweg, der mit „A 6/A 5" gekennzeichnet ist. Am Ende des Waldgebiets gelangen wir an eine Wegkreuzung. Wir folgen der

Das Kloster Langwaden

von Feldern gesäumten Strecke weiter geradeaus. Schließlich geht es halblinks und leicht bergab dem Zeichen „A 5" nach. Bald erreichen wir wieder die Erft und nutzen die Holzbrücke, um auf die andere Uferseite zu gelangen. Gleich hinter der Brücke führt der Weg rechts in Richtung Wohngebiet.

Wir folgen diesem nun immer geradeaus. Am Ende stoßen wir auf die uns bekannte quer verlaufende Gilverather Straße. Der Fahrradwegweiser zeigt nach links zum Bahnhof von Kapellen, dem Ausgangspunkt unserer Rundwanderung.

Zum Schluss noch ein Tipp: Es empfiehlt sich, dem Backhaus „Café Pesch" an der Neusser Straße einen Besuch abzustatten. Hausgemachte Kuchen und Torten vom Feinsten mit einem würzigen Kaffee oder anderen Getränken werden hier angeboten.

Kapellen, Hülchrath und das Kloster Langwaden

Der Stadtteil Grevenbroich-Kapellen ist von einer abwechslungsreichen Auenlandschaft umgeben. Als Rodungsort wurde Kapellen bereits im 9. Jahrhundert begründet. In dieser Zeit vermutet man auch den Bau einer „Capella", die der im Jahr 1155 erstmals urkundlich erwähnten Ansiedlung ihren Namen gab.

Die im Internet (s. S. 136) nachzulesende wechselvolle Geschichte der katholischen Pfarrgemeinde Kapellens erinnert daran, dass die ursprüngliche Kirche etwa 100 Meter östlich der heutigen, erheblich größeren St. Clemens-Kirche stand. Das alte Gotteshaus war den beiden Heiligen Kosmas und Damian geweiht. Als die ehemals eigenständige Pfarre des Nachbarorts Gilverath mit eigenem Kirchengebäude im Jahr 1804 der Gemeinde von Kapellen zugewiesen wurde, gab es zunächst eine Phase heftiger Streitigkeiten um den Bauplatz und den Bau eines neuen, erheblich größeren Gotteshauses. Erst 1838 wurde die Errichtung der St. Clemens-Kirche vollendet. In den Jahren 1956/58 wurde sie nochmals um Chorraum und Sakristei erweitert. An die ebenfalls nicht mehr existierende alte Kirche von Gilverath erinnert die in der Beschreibung der Rundwanderung erwähnte „Friedenskapelle".

Nur wenige Kilometer von Kapellen entfernt befindet sich das geschichtsträchtige Hülchrath mit dem gleichnamigen Schloss, das seit 1954 in Familienbesitz ist und seit einigen Jahren für unterschiedlichste Veranstaltungen genutzt wird. Eine befestigte Siedlung als Schutz vor angreifenden Wickingern wurde an diesem Ort vor dem Jahr 900 gegründet. Das eindrucksvolle Schloss Hülchrath hat über die Jahrhunderte hinweg viele Hö-

Die Kirche St. Clemens

Auf dem Klostervorplatz

hen, aber auch Tiefen erlebt. So wurden hier während der Zeit der Religionskriege und der Inquisition zwischen dem 16. und 18. Jahrhundert Hexenprozesse geführt. Von Beschießungen wird während des 30-jährigen Kriegs berichtet. Eine Besetzung der Burg fand durch Soldaten des Fürstbischofs von Osnabrück im Jahr 1687 statt, als der französisch-niederländische Krieg für Unruhen sorgte.

Auch das Judentum hatte in Hülchrath einst eine Bedeutung. Im Jahr 1875 entstand mitten im Ort eine Synagoge. Bis zur Machtergreifung durch die Nationalsozialisten waren die jüdischen Mitbürger ganz normal in das Dorfleben eingebunden. Mit der Hitler-Diktatur wurde diese Gemeinschaft auf grausame Weise beendet. Zwischen 1937 und 1945 wurde das Schloss für Schulungen und Treffen der unterschiedlichen NS-Organisationen genutzt. Nach dem Zweiten Weltkrieg diente die Burg als Auffanglager für bis zu 600 Vertriebene aus den früheren deutschen Ostgebieten. Die 1985 restaurierte ehemalige Synagoge finden Sie gleich hinter der St. Sebastianus-Kirche im Ortszentrum. Seit gut zehn Jahren dient das Gebäude als Gedenk- und Begegnungsstätte.

Die Zeiten in Schloss Hülchrath haben sich ebenfalls gründlich geändert. Von mittelalterlichen Märkten über Ritterspiele, attraktive Veranstaltungen für Familien, Kinder und junge Leute bietet das Jahresprogramm (www.schlosshuelchrath.com) jede Menge Abwechselung. Mit Spezialitäten wartet die „Alte Burgschenke" auf. Und vom 1. Mai bis zum 1. Oktober ist unter schattigen Bäumen sogar ein Biergarten geöffnet.

Mit dem Spruch „Kloster Langwaden – stärkt den Leib, beflügelt die Seele" macht das im Erzbistum Köln und darüber hinaus bekannte Zisterzienser-Priorat im Internet auf sich aufmerksam. Die Ersterwähnung dieses Klosters, das im Laufe seiner Geschichte lange auch als Schloss genutzt wurde, ist nach Angaben des Ordens auf das Jahr 1173 zu datieren. Nonnen des Prämonstratenserordens seien auf Wunsch des Grafen von Wevelinghoven nach Langwaden gekommen. Die Zisterzienser wirken erst seit Anfang 1960 in dem Kloster. Mehr zu der wechselvollen Geschichte können Sie auf der Internetseite www.klosterlangwaden.de nachlesen.

Dort begrüßt Prior P. Bruno Robeck seine Gäste unter anderem so: „Als Zisterziensermönche stehen wir in der Tradition des heiligen Benedikt von Nursia. Er konzipierte seine Klöster als ‚Haus Gottes' und ‚Schule für den Dienst des Herrn'. Haus Gottes als Ort des Gebetes, der Stille und der Begegnung ist unser Kloster, sei es durch die Feier des Gottesdienstes, durch die stille Einkehr in der Kapelle oder durch das persönliche Gespräch mit uns Mönchen. Haus Gottes heißt aber immer auch Lebensraum für die Menschen. So bietet unser Kloster schützende Mauern und ein Dach für die über 40 Bewohner im Netzwerk Mensch. So ermöglicht unser Kloster den Gästen ‚Rast auf ihrem Lebensweg' und einen Einblick in den klösterlichen Alltag. Und auch diejenigen, die nur einen kurzen Zwischenstopp auf ihrem Ausflug bei uns einlegen möchten, sind herzlich willkommen."

Von **Kaiserswerth**
zum Wasserschloss Kalkum

IM STADTDEKANAT
DÜSSELDORF

Links: Die Kaiserpfalz-Ruine von Kaiserswerth

Von Kaiserswerth zum Wasserschloss Kalkum

Lage

Kaiserswerth ist seit 1929 ein Stadtteil von Düsseldorf und liegt nördlich vom Zentrum der Landeshauptstadt auf halbem Weg in Richtung Duisburg direkt am Rhein. Die Gemeinde St. Suitbertus gehört innerhalb des Stadtdekanats Düsseldorf (Kirchengemeinden Nord) zum Seelsorgebereich Angerland/Kaiserswerth.

Anfahrt

Pkw: von Köln die A 3 bis AK Breitscheid, dort auf die A 52 bis Ratingen, dann rechts auf die L 422 in Richtung Kalkum und Kaiserswerth, in Rheinnähe links auf die Arnheimer Straße (B 8) und bis zum Kreisverkehr „Niederrheinstraße", dort die erste Straße rechts in Richtung Rheinfähre bis zum rechtsseitig gelegenen Parkplatz

ÖPNV: mit dem Zug bis Düsseldorf (Hbf), von dort mit der Straßenbahn U 79 bis zur Haltestelle „Klemensplatz"/Kaiserswerth

Start- und Zielort

Wer die vielen historischen Gebäude von Kaiserswerth betrachtet, wird rasch erkennen, dass dieser idyllische Ort am Rhein eine große Bedeutung gehabt haben muss. Heute zählt der älteste urkundlich nachweisbare Stadtteil von Düsseldorf rund 7.800 Einwohner. Die ehemalige Reichsstadt lag – strategisch günstig – einst auf einer Insel (Werth = Insel). Diese zog sich von Leuchtenberg bei Düsseldorf-Lohausen im Süden bis Wittlaer im Norden. Da der Flusslauf des Rheins in diesem Bereich auf einer Länge von rund 13 Kilometern zu überschauen war, bot sich Kaiserswerth als idealer Kontrollstandort an. Die Insellage verschwand aber bereits im 11./12. Jahrhundert durch Verlandung des alten Rheinarms. Zu den herausragenden historischen Gebäuden gehören die Kaiserpfalz-Ruine sowie die Suitbertus-Basilika mit Stiftsplatz.

Besonderheiten

Für die Exkursion durch Kaiserswerth hat das Amt für Kommunikation der Landeshauptstadt Düsseldorf eine Informations-Broschüre mit dem Titel „Historischer Rundgang Kaiserswerth" herausgegeben. Diese wird in den örtlichen Buchhandlungen zum Preis von 2,50 Euro angeboten.

Dauer

Reine Wanderung gut 2 Stunden, zuzüglich der Zeit für Besichtigungen

Länge

8,5 Kilometer

Wanderkarte

Topografische Karte Nr. 4606 „Düsseldorf-Kaiserswerth", 1:25.000

Einkehrmöglichkeiten

Da es an der Wanderstrecke und in Kaiserswerth zahlreiche Angebote gibt, deshalb hier nur zwei Hinweise: in Wittlaer Restaurant *Brand's Jupp*, Tel. 0211/40 40 40, **www.brandsjupp.de**, in Kaiserswerth am Markt Restaurant *Im Schiffchen*, Tel. 0211/40 10 50, **www.im-schiffchen.com**

Internet

www.erzbistum-koeln.de
www.duesseldorf.de
www.st-suitbertus-kaiserswerth.de
www.archive.nrw.de

WO EINST **Treidelpferde**

DIE RHEINLASTSCHIFFE ZOGEN

Abwechslungsreich gestaltet sich die Rundwanderung von Kaiserswerth über Wittlaer, Einbrungen bis Kalkum – und von dort zurück zu unserem Ausgangspunkt. Die Wanderung startet auf dem großen Parkplatz, der an der Zufahrtsstraße zur Fähre liegt. Von hier aus geht es nach rechts in Richtung Rhein. Wir überqueren den Fährerweg und wandern auf der Burgallee in Richtung Kaiserswerth.

Das auf der linken Seite stehende Gebäude 4 ist das „Haus Freiheit", das der Dichter Herbert Eulenberg im Jahr 1904 erwarb. Er liebte wie kaum ein anderer Künstler der Region diesen idyllischen Ort und schrieb sogar ein Gedicht über Kaiserswerth. Gleich schräg gegenüber erinnern in einem rechtsseitig gelegenen Parkgelände Bronzebüsten an fünf berühmte Persönlichkeiten, die in Kaiserswerth gelebt und gewirkt haben (s. S. 155)

Links vom Weg erblicken wir die Ruine der Kaiserpfalz. Die Ursprünge dieses monumentalen Bauwerks gehen auf ein

Treidel-Relief an der Schutzmauer

Der Rhein bei Haus Werth

Kloster zurück, das Suitbertus, ein Gefährte des Friesenmissionars Willibrord, hier um das Jahr 700 gründete. Kaiser Friedrich Barbarossa war es, der die damalige Insellage nutzte und das Areal zu einer mächtigen Festungsanlage umbauen ließ. Grund: In Kaiserswerth wurden vom Jahr 1174 an die Rheinzölle erhoben. Allerdings verlor die Pfalz von 1235 an wegen Verlandung des alten Rheinarms ihre Insellage. Den Niedergang erlebte die Anlage mit ihren teilweise bis zu 4,5 Meter dicken Mauern im Zuge des Spanischen Erbfolgekriegs (1701–1714). In der Folge wurde die Ruine als Steinbruch genutzt. Einem Provinzialkonservator ist letztlich der Erhalt der Ruine zu verdanken; er setzte von 1899 an Sicherungsarbeiten in Gang, wodurch weitere Zerstörungen verhindert wurden.

Von der Kaiserpfalz sind es nur wenige Meter bis zur Suitbertus-Basilika. Der seit Mitte des 11. Jahrhunderts hier entstandene, später erweiterte und erneuerte Sakralbau gilt als herausragendes Werk der Romanik. Schon zu Beginn des 8. Jahrhunderts hatte Suitbertus eine Vorgängerkirche errichten lassen. Der nach dem Heiligen benannte Suitbertus-Schrein, geschaffen im 13. und 14. Jahrhundert, gehört zu den künstlerischen Kostbarkeiten der heutigen Basilika. Auch der Stiftsplatz mit den umliegenden Gebäuden aus dem 17. und 18. Jahrhundert ist eine Stätte gelungener Architektur längst vergangener Zeiten.

Wir gehen zurück zur Wanderstrecke und folgen der Markierung „A 2" nach rechts auf dem Herbert-Eulenberg-Weg. Bald erreichen wir die Anlegestelle der „Weißen Flotte". Wer mit der Straßenbahn angereist ist, sollte von dieser Stelle aus die Rundwanderung beginnen und die bisherigen Besichtigungspunkte bei einem Rundgang durch Kaiserswerth später nachholen. Rechts an der Hochwasserschutzmauer ist ein Relief zu besichtigen. Die Darstellung erinnert daran, dass einst Lastschiffe von Treidelpferden am Rheinufer stromauf gezogen wurden – eine harte Arbeit für Tiere und Menschen.

Nun verlassen wir Kaiserswerth auf dem nach dem Treidelverkehr benannten Leinpfad. Heute wird dieser „A 2"-Weg von Fahrradfahrern und Wanderern gemeinsam genutzt. Die Strecke führt direkt am Rheinufer entlang in Richtung Wittlaer. Rechts breitet sich ein Wiesengelände aus. Bald sehen wir in der Ferne das Haus Werth, eine ehemalige Treidelstation.

Natur pur zwischen Rhein und Wittlaer

Das Wasserschloss Kalkum

Gleich hinter dem 1775 von Kurfürst Karl Theodor errichteten schlichten Bau kann man rechts in der Ferne die Remigiuskirche von Wittlaer erkennen, die wir später erreichen werden. Kurz hinter dem Haus Werth fällt auf der rechten Wegseite ein Stein auf, der uns verrät, dass es von Basel bis zu dieser Stelle 590,000 Kilometer sind, bis Rotterdam sollen es laut Inschrift exakt 234,450 Kilometer sein.

An der sanften Linksbiegung des Rheins, auf die wir ständig zugelaufen sind, mündet der von knorrigen Weidenbäumen gesäumte Schwarzbach in den Strom. Gleich hinter der Brücke macht unser „A 2"-Wanderweg eine Spitzkehre scharf nach rechts. Jetzt verlassen wir den Rhein. Es geht nun zwischen Gartenbegrenzungen auf der linken und dem Wiesengelände auf der rechten Seite in Blickrichtung Kaisersweth. Rechts sehen wir nochmals das Haus Werth, dahinter den Rhein. Der Weg mündet an dem traditionsreichen Restaurant „Brand's Jupp".

Hier verlassen wir kurz den „A 2"-Weg und gehen links die schmale Straße zur Kirche St. Remigius hinauf – Zeit zum Innehalten. Von dem Gotteshaus führt ein Fußweg mit verwitterten Stufen wieder hinunter zum Wanderweg. Wir biegen nach links ab. Hinter einer lang gezogenen Linkskurve laufen wir dann auf die Duisburger Landstraße zu, die wir vorsichtig überqueren. Kurz danach passieren wir die Gleisanlage der Rheinbahn. Auch hier ist besondere Vorsicht geboten, da der Überweg nicht beschrankt ist. Bald begleitet uns auf der rechten Seite der Lauf des Schwarzbachs.

Nach kurvigem Wegverlauf gelangen wir an eine Querstraße. Hier müssen wir, der Markierung „A 2" folgend, nach rechts. Bald erreichen wir die Einbrunger Mühle. Unmittelbar vor dem Gebäude führt uns das „A 2"-Zeichen über eine Brücke. Hinter der Mühle folgen wir dann dem geteerten Weg nach rechts. Es geht nun – immer der Markierung „A 2" nach – über

Die St. Lambertus-Kirche

freie Feldflächen in halblinke Richtung zum Schloss Kalkum. Bevor wir dieses Teilziel erreichen, müssen wir die stark befahrene L 422 überqueren. Dann führt uns das „A 2"-Zeichen nach links zum Eingang.

Das vierflügelige Wasserschloss mit einem großen Innenhof in seiner heutigen Form, das von einem weitläufigen Parkgelände umgeben ist, wurde im 18. und Anfang des 19. Jahrhunderts im Barockstil erbaut. Allerdings reichen die Ursprünge dieses Anwesens, an deren Beginn der Königshof Calicheim genannt wird, viele Jahrhunderte zurück. König Arnulf übertrug seinen Kalkumer Besitz im Jahr 890 als Schenkung an das Stift Gandersheim. Später war das Schloss im Besitz mehrerer Adelsfamilien. Heute befinden sich in dem gut erhaltenen Anwesen Teile des Hauptstaatsarchivs des Landes Nordrhein-Westfalen, das nach dem Ende des Zweiten Weltkriegs den Besitz übernahm. Das Wasserschloss dient auch als Veranstaltungsort für klassische Konzerte und andere Kulturereignisse.

Wir verlassen das Parkgelände nicht über den „A 2"-Weg, sondern durch den schmalen Tor-Ausgang in Sichtweite der Kalkumer St. Lambertus-Kirche an der Oberdorfstraße. Diese romanische Kirche entstand nach heutigen Erkenntnissen in mehreren Phasen zwischen dem 11. und 13. Jahrhundert. Das Innere der dreischiffigen Pfeilerbasilika beeindruckt durch Schlichtheit. Vom Kirchenausgang geht es links weiter durch die von gepflegten Häusern gesäumte Straße. Nach wenigen Metern – in Höhe des linksseitigen Pfarramts – macht der Straßenverlauf, dem wir folgen, einen scharfen Rechtsbogen. Bei der nächsten Gabelung halten wir uns halbrechts und folgen dem Fahrradwegweiser. Nun stoßen wir wieder auf unser bekanntes „A 2"-Zeichen, das uns entlang der Kreuzbergstraße führt. Dieser folgen wir bis zur Straßenbahnhaltestelle „Klemensplatz". Hier überqueren wir die Gleisanlage und gleich danach die parallel verlaufende Arnheimer Straße (B 8). Bald erreichen wir den Kaiserswerther Markt. Dieser mündet in der Verlängerung am Rhein in Höhe des Anlegers der „Weißen Flotte". Der Uferweg nach links führt uns zurück zum Parkplatz.

Geschichte pur in Kaiserswerth

Der Wanderkurs ist von der Länge her so angelegt, dass genügend Zeit für einen historischen Rundgang durch Kaiserswerth bleibt. Die genannte Broschüre (s. S. 148) ist der ideale Begleiter für diesen überaus lohnenden Gang durch die alte Stadt. An den insgesamt 24 aufzusuchenden Stationen sind mit Zahlen gekennzeichnete blaue Schilder angebracht, die in Verbindung mit der Info-Broschüre eine leichte Orientierung garantieren. Weil in Kaiserswerth alles eng beieinander liegt, sind die Wege von Station zu Station kurz.

Man kann sich diesen idyllischen Ort von mehreren Seiten erschließen. Richtiger Ansatzpunkt dürften die herausragenden historischen Gebäude sein. Ein anderer Einstieg gelingt über Berühmtheiten, die in Kaiserswerth gelebt und gewirkt haben – zumal einige Bauten mit diesen Personen in direkter

Erinnerung an den Reformpädagogen Theodor Fliedner

Die St. Suitbertus-Basilika

Verbindung stehen. Da ist neben dem zu Beginn der Rundwanderung bereits erwähnten Dichter Herbert Eulenberg (1876–1949) der Theologe Caspar Ulenberg (1548–1617) zu nennen. Er machte sich auch als Texter und Komponist geistlicher Lieder einen Namen.

Viele Spuren hat der evangelische Pfarrer und Gründer der Diakonissen-Anstalt, Theodor Fliedner (1800–1864), hinterlassen. An der nach ihm benannten Straße, die vom Kaiserswerther Markt abzweigt, befinden sich Gebäude, die an diesen bedeutenden Sozialreformer erinnern. Einladend wirkt die in einer Häuserzeile integrierte Evangelische Stadtkirche mit Pastorat, in der Fliedner von 1822 bis 1849 predigte. Auf einer an der Außenwand angebrachten Info-Tafel wird erwähnt, dass die Reformerin des Hospitalwesens in England, Florence Nightingale (1820–1910), in der von Fliedner und seiner Frau Friederike gegründeten ersten Diakonissen-Ausbildungsstätte eine Zeit lang mitgearbeitet hat. Auch die Theodor-Fliedner-Schule am Ende der Straße unterstreicht die Bedeutung dieses Mannes für Kaiserswerth. Im Ostflügel des Gebäudes ist ein Museum zur Stadtgeschichte untergebracht. Unter anderem gehört eine aus Keramik erstellte Nachbildung der „Festungsstadt Kaiserswerth" aus der Zeit vor der Zerstörung im Jahr 1702 zu den gezeigten Exponaten.

Bleibt der Hinweis auf den Priester, Dichter und Bekämpfer des Hexenwahns, Friedrich von Spee (1591–1635). Der in Kaiserswerth aufgewachsene und in Köln schulisch erzogene Sohn eines kurkölnischen Burgvogts trat 1610 in den Jesuitenorden ein. Später lehrte er in vielen Städten. Überaus mutig wurde er zu einem Gegner der Hexenprozesse und schuf ein grundlegendes Werk gegen den Hexenwahn. Von Spee begleitete auch abgeurteilte Frauen auf dem grausamen Weg zu den Scheiterhaufen. Aufgrund dieses Einsatzes war er selbst gefährdet. Friedrich von Spee starb in Trier an der Pest. An die Verdienste dieses Kirchenmannes erinnert das „Spee-Archiv" im Haus Nr. 11 am Suitbertus-Stiftsplatz.

Von diesem Platz ist, wie bei der Beschreibung der Rundwanderung bereits erwähnt, der Weg zum Park gegenüber der Kaiserpfalz-Ruine nicht weit. Hier sind unter schattigen Bäumen die Profile der genannten Persönlichkeiten in Form von Bronzebüsten zu betrachten. Obwohl die Werke von unterschiedlichen Künstlern stammen, wirken sie doch fast wie aus einem Guss. Ob die bereits beschriebene Kaiserpfalz und Suitbertus-Basilika, ob das Alte Zollhaus, die Traditionsgaststätte „Im Schiffchen", das Rathaus am Markt, die Alte Apotheke, das Beinhaus oder der Mühlenturm – in Kaiserswerth gibt es viel zu sehen.

Besichtigungen leicht gemacht

Kettwig vor und
hinter der Brücke

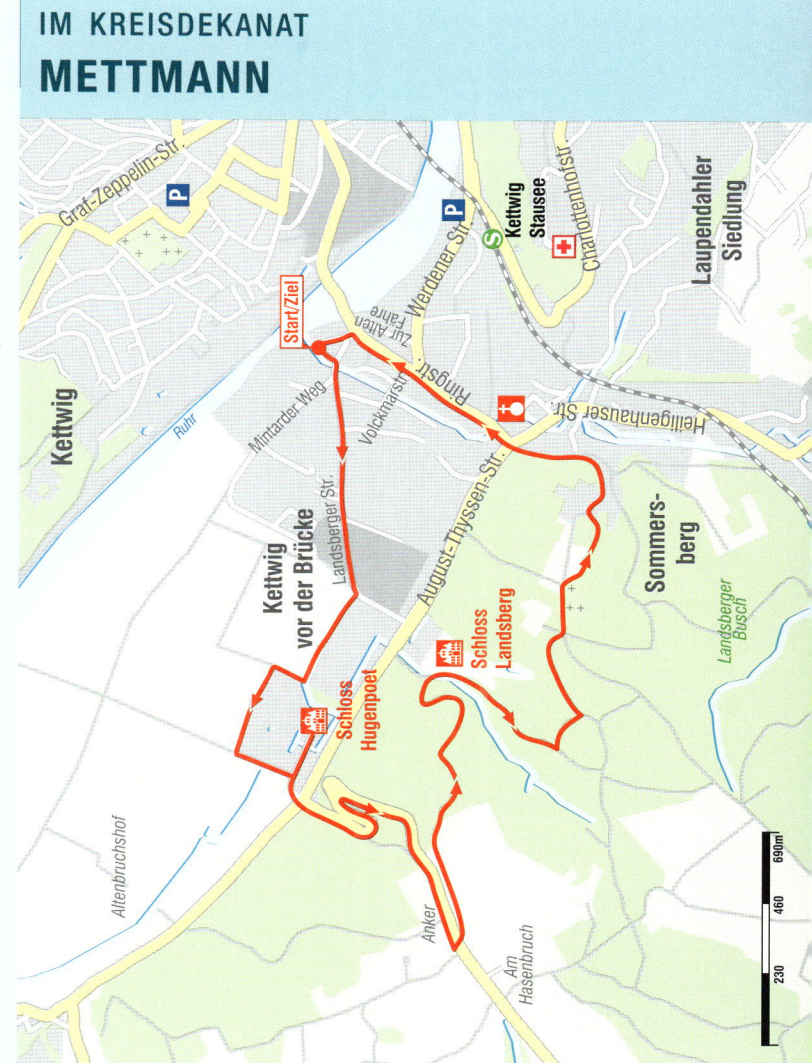

IM KREISDEKANAT
METTMANN

Links: Kettwig und die „Brücke über den Mühlengraben"

Kettwig vor und hinter der Brücke

Lage

Kettwig ist seit 1975 der südwestlichste Stadtteil von Essen und liegt unmittelbar an der Ruhr. Der Seelsorgebereich Kettwig-Mintard mit seinen vier Kirchen St. Peter, St. Joseph, St. Laurentius und St. Matthias ist dem Kreisdekanat Mettmann angeschlossen.

Anfahrt

Pkw: von Köln die A 3 bis AK Breitscheid, dort die A 52 bis Essen-Kettwig, an der nächsten Kreuzung rechts ab, der L 441, später Ringstraße, bis Kettwig und in Höhe der Altstadt über die Brücke zum Ortsteil Kettwig vor der Brücke folgen, von der Brücke aus die zweite Straße rechts, dann erneut die zweite rechts und an der Landsberger Straße abermals rechts bis zur Querstraße „Zur Alten Fähre", dort links bis zum Parkplatz

ÖPNV: von Düsseldorf (Hbf) mit der S-Bahn-Linie 6 bis Kettwig-Stausee, dann 10 Minuten Fußweg über die Autobrücke auf die andere Seite der Ruhr und bis zur Landsberger Straße (Startpunkt der Wanderung)

Start- und Zielort

Eine malerische Altstadt, sehenswerte Kirchen, Ruhr-Stausee und Mühlengraben – dieses und vieles mehr hat Kettwig zu bieten. Der Flusslauf der Ruhr mit seiner angrenzenden Auenlandschaft zeigt sich in Blickrichtung der fernen Autobahn-Ruhrtalbrücke von seiner schönsten Seite. Der Kettwiger Stausee, von Mitte April bis Oktober mit Personenschiffen der „Weißen Flotte" befahren, ist eine Attraktion für Familien, Tagesausflügler und Kurzurlauber. Kettwig hat heute rund 18.000 Einwohner.

Besonderheiten

Im Altstadtbereich sind unter dem Motto „Historischer Pfad Kettwig" an den markanten Besichtigungsorten übersichtliche Informationstafeln angebracht.

Dauer

Reine Wanderung gut 2 Stunden

Länge

7,5 Kilometer

Varianten

Lohnend ist auch eine Kurzwanderung von der Brücke aus in nördliche Richtung entlang dem Stauseeufer bis zum 2 Kilometer entfernten Kattenturm aus dem 13. Jahrhundert. Dieser geteerte Uferweg wird von Fußgängern und Fahrradfahrern gemeinsam genutzt und ist auch für Rollstuhlfahrer geeignet.

Wanderkarte

Topografische Karte Nr. 4607 „Heiligenhaus", 1:25.000

Einkehrmöglichkeiten

In Kettwig und Kettwig vor der Brücke zahlreich

Internet

www.erzbistum-koeln.de
www.kath-kirche-kettwig.de
www.ev-kirche-kettwig.de
www.kettwig.de

ZU DEN Schlössern
HUGENPOET UND LANDSBERG

Kettwig vor der Brücke heißt unser Start- und Zielort. Vom kleinen Parkplatz an der „Alten Fähre" mit eindrucksvollem Blick über die Ruhr auf das gegenüber liegende Altstadt-Panorama von Kettwig starten wir unsere Wanderung. Wir kehren der Ruhr den Rücken und gehen durch die mit „A 3" gekennzeichnete schmale Straße, die von alten Fachwerkhäusern gesäumt ist, in Richtung Ortskern. An der nächsten Querstraße biegen wir in Höhe des Gasthauses „Im stillen Winkel" rechts ab und befinden uns auf der Landsberger Straße. Bald erreichen wir den rechts abzweigenden Mintarder Weg. Wir bleiben aber halblinks auf dem Fußweg entlang der Landsberger Straße, bis wir die letzten Häuser hinter uns gelassen haben.

Nach kurzer Zeit sehen wir linksseitig die Türme von Schloss Landsberg. Unser erstes Teilziel ist aber das von einem dichten Wald umgebene Schloss Hugenpoet. Wo die Landsberger

Das Panorama von Kettwig in der Morgenfrühe

Schloss Hugenpoet

Straße eine Linksbiegung macht, gehen wir rechts ab in einen Feldweg, der mit dem Zeichen „A 3" markiert ist. Nun laufen wir direkt auf den Schlossgarten zu. Vor dem Zaun müssen wir rechts in ein Waldgebiet abbiegen; kurz danach führt uns das „A 3"-Zeichen nach links. Am Ende des Wegs entlang der Einfriedung des Schlossgeländes haben wir über eine Wiesenfläche den freien Blick auf die mehrere Kilometer entfernte Mintarder Ruhrtalbrücke. Um zum Schloss zu gelangen, gehen wir parallel zu der mit Efeu bewachsenen Mauer nach links. Am Ende müssen wir wieder nach links und laufen direkt auf unser erstes Teilziel zu.

In dem im Jahr 1647 von Johann Wilhelm von Nesselrode in seiner jetzigen Form errichteten Schloss Hugenpoet befinden sich heute ein Hotel der gehobenen Klasse sowie zwei Restaurants. Die Anlage ist seit 1831 im Besitz der Freiherren von Fürstenberg. Um das beeindruckende Herrenhaus zu erreichen, passieren wir zunächst zwei Gehöfte, die ursprünglich von Wassergräben umgeben waren. Urkundlich ist dieser Ort bereits 778 erstmals erwähnt. Eine Wasserburg mit Vorburg, die hier stand, gehörte zum Königsgut Karl des Großen. Später wurden diese Gebäude durch Brand und Kriegseinfluss zerstört. Das heutige Schloss Hugenpoet steht seit 1985 unter Denkmalschutz.

Wir setzen unsere Wanderung fort und gehen zurück zur August-Thyssen-Straße. Die führt halblinks über eine Brücke zur L 441. Da wir unser nächstes Teilziel, das Schloss Landsberg, von dem bewaldeten Höhenzug aus erreichen wollen, müssen wir zunächst entlang der kurvenreichen Essener Straße bergauf gehen. Erst rechts, später links verläuft ein sicherer Fußgängerweg. Auf der Anhöhe der Landstraße befindet sich auf der rechten Seite ein altes verschiefertes Haus. Wir sind auf der linken Seite und benutzen nun den parallel zur Straße verlaufenden Feldweg, der mit einem weißen „R" im Kreis gekennzeichnet ist. Wir gehen auf diesem mit dem Rücken zur L 441 nach links in Richtung Waldrand.

Bald erreichen wir eine Gabelung und folgen dort dem mit „A 6" gekennzeichneten Waldweg, der zügig breiter wird und

Brücke im Wald

Turm von Schloss Landsberg

in einer lang gezogenen Linksbiegung verläuft. Rechts fällt das Gelände steil ab in ein Tal. Der Weg wird wieder schmal und führt nach rechts bergab. Wir gehen über eine romantisch anmutende Steinbrücke, die über einen Bachlauf führt, müssen danach ein Stück bergan und erreichen die Anfahrtsstraße zu Schloss Landsberg, die uns links bergauf führt. Das Außengelände kann besichtigt werden; es bietet auch Möglichkeiten für eine erholsame Rast. Der Innenhof ist als privat ausgewiesen und nicht zugängig.

Der Ruhrübergang bei Kettwig veranlasste die Herzöge von Berg, diese einstige Burg als Sicherungsanlage auf einem hohen Felsvorsprung zu errichten. Der mit einer starken Ringmauer umgebene viergeschossige Bergfried hat eine Höhe von rund 33 Metern. Ihm schließt sich östlich das Herrenhaus an. Im Jahr 1655 veranlasste General Arnold von Landsberg den Umbau zu einem Schloss im Stil der Renaissance. Später ging das Anwesen in den Besitz der Familie von Landsberg-Velen über. Der bekannte Essener Industrielle August Thyssen erwarb im Jahr 1903 den Adelssitz und ließ das Gebäude erneut gründlich um- und ausbauen. Der Unternehmer lebte bis zu seinem Tod 1924 in dem Schloss. Das romantisch anmutende Außengelände wurde in dieser Zeit unter Einbeziehung der steil abfallenden bewaldeten Täler ebenfalls umgestaltet. Seit 1992 befinden sich in dem Anwesen mehrere Seminar- und Tagungsräume der ThyssenKrupp AG.

Wir verlassen das Schloss auf dem gepflasterten Weg in südliche Richtung und gehen den mit „A 3" gekennzeichneten Wanderweg bergan. Oben müssen wir nach links abbiegen. Am nächsten Abzweig gehen wir wieder nach links. Nun erreichen wir eine Weggabelung. Dort folgen wir dem „X"-Zeichen nach links. Der Weg wird breiter und führt geradeaus. An der nächsten Weggabelung biegen wir auf den ungezeichneten Weg links ab. Bald können wir linksseitig durch den Hochwald nochmals auf Schloss Landsberg blicken. Kurze Zeit später erreichen wir einen Weg, den wir überqueren. Rechts sehen wir im Wald einige Wohnhäuser, links grenzt eine Aufforstungsfläche an. Wo der Weg bergab verläuft und schmaler wird, müssen wir uns links halten. Der Pfad endet an einem Querweg, der entlang eines steil abfallenden Hangs verläuft. Unten im Tal sehen wir auf bewohntes Gebiet.

Wir biegen auf den Querweg rechts ab und bleiben auf diesem so lange, bis wir links die schmale Straße sehen, die hinunter in Richtung Kettwig vor der Brücke führt. Vorsicht ist am Ende des Waldwegs angebracht. Bevor wir auf die Straße gelangen, geht es ziemlich steil bergab. Nun müssen wir nach links hinunter ins Tal. Der Höseler Weg führt uns bis zur Hei-

Informationen über das historische Kettwig

ligenhauser Straße. Diese überqueren wir und gehen zur katholischen Kirche St. Joseph in Kettwig vor der Brücke. Dieses 1934 erbaute Gotteshaus, über dessen Baugeschichte wie über die Entstehung der übrigen Kirchen des Seelsorgebereichs die örtliche Pfarrgemeinde im Internet unter www.kath-kirche-kettwig.de gründlich informiert, ist ein willkommener Ort des Innehaltens.

Dann geht es weiter entlang der Ringstraße bis zur Ruhrbrücke. Unmittelbar davor führt auf der linken Seite eine Treppe hinunter zum Parkplatz an der Straße „Zur Alten Fähre", unserem Ausgangspunkt. Wir lassen unseren Wagen stehen, um von hier aus über die Brücke ins eigentliche Kettwig zu gehen.

Fachwerkromantik und die Ruhrpromenade

Kettwig, urkundlich erstmals im Jahr 1052 erwähnt, hat eine lange Tradition. Über viele Jahrhunderte gehörte diese strategisch wichtige Ansiedlung bis 1802 der Reichsabtei Werden an, kam dann für kurze Zeit zum Großherzogtum Berg, geriet ab 1804 unter preußische Verwaltung und war von 1857 an eine eigenständige Stadt. Gleich vom nördlichen Ruhrufer aus sollten wir zunächst die im Jahr 1786 erbaute Brücke, die den Mühlengraben überspannt, in Augenschein nehmen.

Wenige Schritte weiter führt innerhalb der Altstadt die schmale Ruhrstraße, gesäumt von malerischen Fachwerkhäu-

Die Kirche St. Joseph

Aufstieg zur evangelischen „Kirche am Markt"

sern, bergauf zur markanten Kirchtreppe. Zuvor überqueren wir den Tuchmacherplatz mit dem Weberbrunnen. An dieser Stelle wird daran erinnert, dass Kettwig über Jahrhunderte ein bedeutender Standort für die Tuchmacherei war. Auch die mehr als 100 Weberhäuser im Bereich der Altstadt bezeugen diesen einstmals wichtigen Gewerbezweig.

Nach dem Treppenanstieg erreichen wir den historischen Ortskern mit der evangelischen „Kirche am Markt", die früher einmal St. Peter geweiht war. Von 1592 an wurde das Gotteshaus protestantisch. Der älteste Teil dieser markanten Kirche ist der etwa 40 Meter hohe Turm, der aus dem 13. Jahrhundert stammt. Das heutige Kirchenschiff, das im Inneren durch seine Schlichtheit wirkt, entstand in den Jahren 1720/21. Aus dieser Zeit datiert auch der sechseckige Kanzelkorb mit Kanzelhaube. Im Jahr 2009 beging die evangelische Gemeinde in Kettwig ihr 400-jähriges Bestehen.

Die neue katholische Pfarrkirche St. Peter (s. Foto S. 6), die in der Zeit zwischen 1826 und 1830 im klassizistischen Stil errichtet wurde, befindet sich nur wenige Minuten in nordwestlicher Richtung von der Markt-Kirche entfernt. An der Vollendung dieses innen wie außen harmonisch anmutenden Sakralbaus war Karl Friedrich Schinkel beteiligt. Er habe die Pläne der beiden Architekten Otto von Gloeden und Adolf von Vagedes überarbeitet, heißt es. Das angrenzende St. Josefs-Haus für junge und alte Menschen der Dembacher Schwestern, der nahe Peters-Hof als Pfarrzentrum, auch die Wallfahrtskapelle „Maria im Maien" an der Pierburg im Norden sowie die bestehenden Familien- und Jugendeinrichtungen der evangelischen Gemeinde sind Belege dafür, dass die beiden christlichen Kirchen das öffentliche Leben in Kettwig entscheidend mitprägen. Über die Hauptstraße gehen wir nochmals zum Marktplatz. Nicht weit entfernt befindet sich das ebenfalls in klassizistischer Architektur erbaute Rathaus. In einem Nebenbau ist das Stadtmuseum untergebracht.

Zurück zur Ruhr-Brücke: Wir entschließen uns, über die Promenade am Stausee und weiter entlang dem Uferweg bis zum Kattenturm zu laufen. Diese Ruine gehörte einst zur Burg Luttelnau. Der Legende nach sollen hier in früheren Zeiten Raubritter gehaust haben. Wer die bizarr in den Himmel ragende Ruine sieht, glaubt es. Vermutlich wurde die Burg bereits im 14. Jahrhundert geschleift. Auf dem Weg zu diesem Turm befinden sich auf der anderen Uferseite und auf schmalen Inselstreifen mehrere Vogelschutzgebiete. Kurz vor der Ruine sieht man ebenfalls auf der gegenüberliegenden Ruhrseite das Schloss Oefte, in den Wintermonaten leichter zu orten als in den wärmeren Jahreszeiten, denn das Anwesen ist von dichtem Laubwald umgeben. Für den, der diesen Hin- und Rückweg nicht mehr auf sich nehmen will, sei der Hinweis gegeben: Ganz in der Nähe der Ruine gibt es die Bootsanlegestelle „Kattenturm". Also kann diese Sehenswürdigkeit von Kettwig-Brücke aus auch mit einem Personenschiff der „Weißen Flotte" angefahren werden. Zudem befindet sich hier ein Ausflugslokal, in dem man sich stärken kann.

Von **Langenberg**
nach **Neviges**

IM KREISDEKANAT
METTMANN

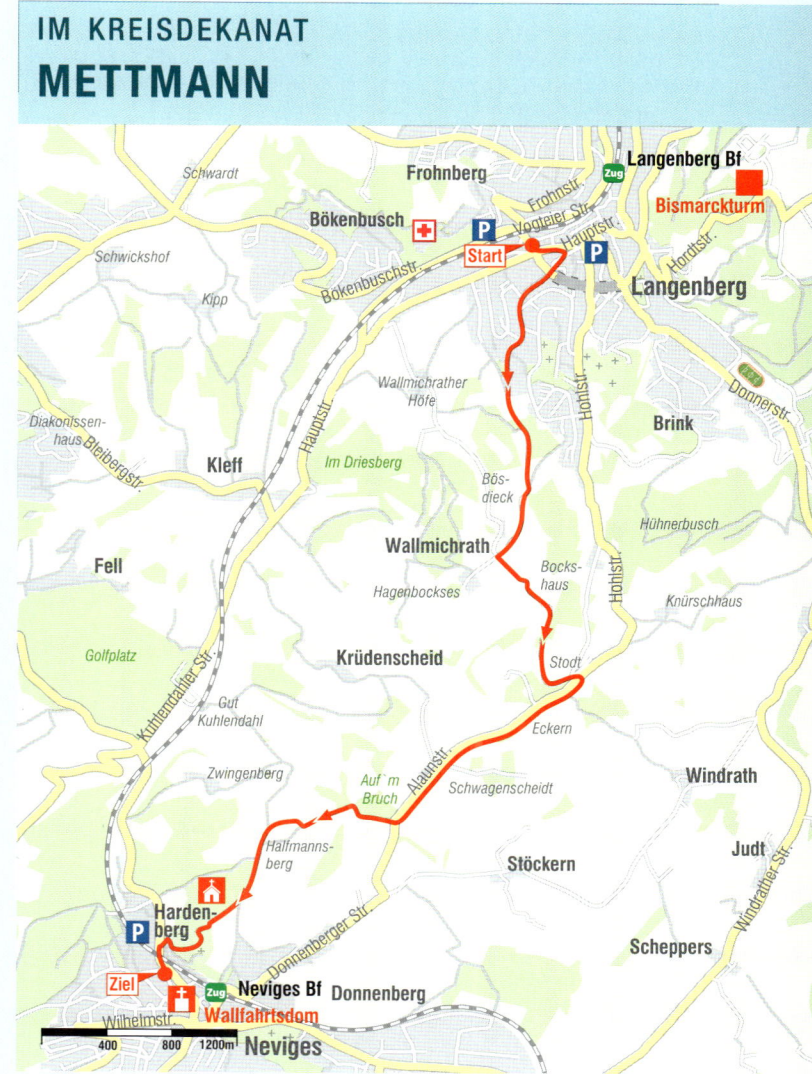

Links: Der Mariendom im Wallfahrtsort Neviges

Von Langenberg nach Neviges

Lage

Sowohl Langenberg als auch der bekannte Wallfahrtsort Neviges sind seit der nordrhein-westfälischen Gebietsreform von 1975 der Stadt Velbert zugehörig, die dem Kreis Mettmann angegliedert ist. Die katholischen Gemeinden beider Orte gehören zum Kreisdekanat Mettmann/Seelsorgebereich D.

Anfahrt

Pkw: von Köln die A 3 bis AK Hilden, dort die A 46 AK Sonnborn, anschließend die A 535 bis Tönisheide/Langenberg/Neviges, dann rechts auf die L 107 und links auf die L 427 bis Langenberg; gebührenfreier Parkplatz vor der Altstadt an der Kamperstraße (unterhalb einer Straßenüberführung)

ÖPNV: von Köln (Hbf) mit der Bahn bis Wuppertal, dann mit der S-Bahn-Linie 9 bis Velbert-Langenberg; zur Wanderstrecke vom Langenberger S-Bahnhof hinauf zur Alten Kirche, weiter ein Stück die Hauptstraße bergan und dann links ab in die Kuhstraße

Start- und Zielort

Sowohl Langenberg, das gut 16.000 Einwohner zählt, als auch Neviges, wo rund 19.000 Menschen leben, bestehen im Kern aus überaus sehenswerten Altstädten. Um für die Erkundung beider Stadteile von Velbert genügend Zeit zu haben, beschreibt die nachfolgende Wanderung den Weg von Langenberg nach Neviges. Die empfohlene Rücktour erfolgt per S-Bahn oder Bus.

Besonderheiten

Am Schriftenstand im Mariendom von Neviges werden illustrierte Broschüren angeboten, die gründlich über diesen außergewöhnlichen Sakralbau informieren. Fachkundige Führungen durch den Wallfahrtsort bietet die Velbert Marketing GmbH (Tel. 02051/60 55-0) an. Viele Infos und Termine enthalten die unten angegebenen Internetseiten.

Dauer

Reine Wanderung ca. 1,5 Stunden

Länge

6,5 Kilometer

Varianten

Wer von Neviges auch den Rückweg zu Fuß gehen möchte, kann die Strecke bis Stodt zurücklaufen und dort dann über Triebel in Richtung Langenberg wandern. Dadurch verdoppelt sich die Wanderstrecke auf insgesamt 13 Kilometer.

Wanderkarte

Wanderkarte Nr. 15 „Velbert, Baldeneysee, Efringhauser Schweiz" in der „grünen Reihe", 1:25.000 oder topografische Karte Nr. 4608 „Velbert", 1:25.000

Einkehrmöglichkeiten

In Langenberg und Neviges zahlreiche

Internet

www.erzbistum-koeln.de
www.st-michael-paulus-velbert.de
www.velbert.de
www.mariendom.de
www.neviges.de
www.buecherstadt-langenberg.de

VON DER „BÜCHERSTADT"
ZUM **Mariendom**

Startpunkt unserer Wanderung zum Wallfahrtsort Neviges ist der kostenfreie Parkplatz an der Kamperstraße – mit Blick auf die historische Altstadt von Velbert-Langenberg. Es ist gar nicht so leicht, sich von diesem an einem Berghang angesiedelten Ortskern mit seinen schmucken Fachwerkhäusern, malerischen Villen, der Alten Kirche im Zentrum und den engen Gassen zu trennen. Zumal sich für Freunde antiquarischer Bücher etliche Ladenlokale anbieten. Nicht umsonst wird dieser malerische Ort auch „Bücherstadt Langenberg" genannt. Trotz allem: Wir wandern zunächst. Aber: Von unserem Zielort Neviges aus wollen wir später mit dem Bus zurückfahren, um genügend Zeit für die Besichtigung dieser Altstadtidylle zu haben.

Vom Parkplatz geht es zunächst dem Schild „Bürgerhaus/ Historischer Stadtkern" nach. Für kurze Zeit blicken wir auf den Turm der Alten Kirche. Bald müssen wir nach rechts steil bergauf, und wir erreichen nach ein paar Treppenstufen die quer

Langenberg und der Turm der St. Michael-Kirche

Waldweg nach Wallmichrath

verlaufende Hauptstraße, in die wir nach links einbiegen. Wo der Straßenverlauf einen Linksknick macht, gehen wir rechts die schmale Treppe hinauf. Am Ende erreichen wir die Kuhstraße, die – nach rechts vom Ortskern fort – immer hinauf zur Höhe führt. Entlang dieser Straße passieren wir rechts eine Schule. Danach folgt ein Linksbogen, und es geht für kurze Zeit leicht bergab. Bald erreichen wir das Schild „Keine Wendemöglichkeit", das wir getrost ignorieren können. Wir bleiben auf der Kuhstraße und gehen leicht bergauf durch ein Neubaugebiet. An den letzten Häusern wird die Straße zum Fußgängerweg.

Wir wandern bergab in Richtung Hundetrainingsplatz, den wir bald – rechtsseitig gelegen – sehen und passieren. Hinter einer Bank (links) laufen wir an mehreren Fischteichen vorbei, auf der rechten Seite gelegen. Im schattigen Hochwald gelangen wir kurze Zeit später an eine Weggabelung und halten uns rechts. Ebenfalls auf der rechten Seite begleitet uns ein entgegenkommender Bachlauf. Wir müssen nun bergan und sehen rechts ein Haus, dessen Grundstück von einer Bruchsteinmauer eingefasst ist. Hier wird der Weg wieder zur schmalen Teerstraße. Es geht weiter bergauf bis zur Kreuzung von Wallmichrath. Auf der Höhe biegen wir links ab. Die Wallmichrather Straße in Richtung Haus Nr. 29 führt bald an einem linksseitig gelegenen alten Hof vorbei. Kurze Zeit später verläuft die Straße nach rechts. Wir gehen weiter geradeaus und haben einen beeindruckenden Fernblick.

Nun erreichen wir die Häuser des kleinen Weilers Stodt. Nach kurzer Rast am Ortseingang gehen wir die Straße in einem scharfen Linksbogen bergab. Sie führt rechts an einem steil abfallenden Grabenbruch vorbei und mündet in Höhe eines kleinen Waldparkplatzes an einer Querstraße, in die wir rechts abbiegen. Sie verläuft geradeaus und heißt bald Alaunstraße, auf der wir bleiben. Es geht leicht bergauf, und wir erreichen den kleinen Ort Eckern. Dahinter wandern wir eine längere Strecke sanft bergab. Nun gelangen wir an den nächsten Abzweig an einem weiteren Waldparkplatz. Wir gehen nach rechts in Richtung Alaunstraße 41 und 45. Nach einer Rechts-Linkskurve führt die Strecke durch ein Reiterhof-Gelände. Danach geht es in Richtung des nächsten Hofs bergan.

Vor den Gebäuden verlassen wir die schmale Straße und biegen rechts in den Feldweg ab. An der nächsten Gabelung müssen wir halblinks. Der Feldweg führt geradeaus an einer Schutzhütte (rechts) vorbei. Wir bleiben auf dem Weg, der rechts vom Wald und links von einem Feld gesäumt ist. An der nächsten Weggabelung gehen wir in Höhe der Bank halbrechts weiter am Waldsaum entlang. Kurze Zeit später mündet dieser Weg in den oberen Abschnitt der Wallfahrtstätte „Am Marienberg" in Hardenberg-Neviges.

Kreuzwegstation am Marienberg

Links geht es leicht bergan zur Gnadenkapelle und der davor angelegten Freifläche für die Gottesdienste. Von hier aus führt – vorbei an Kreuzwegstationen – der breitere Pilgerpfad, der eigentlich von unten nach oben gegangen sein will, ins Tal hinunter. Das erreichen wir in Höhe des katholischen Friedhofs und des markanten Eingangs zum Marienberg. Nun gehen wir auf dem Fußgängerweg nach links durch die Bahnunterführung. Kurze Zeit später laufen wir auf das Franziskanerkloster zu. Ein Schild weist uns den Weg zu dem von Professor Gottfried Böhm in den 1960er Jahren erbauten Wallfahrtsdom „Maria, Königin des Friedens".

Neuzeitliche Kirchenarchitektur und zwei markante Altstädte

Neviges erlebt jährlich etwa 200.000 Pilger, die meist in größeren Wallfahrer-Gruppen hauptsächlich in den Monaten zwischen Mai und Oktober diesen Ort aufsuchen. Dass er im Laufe der Jahrhunderte diesen Zulauf erfuhr, geht auf ein kleines Gnadenbild der „Maria Immaculata" (der ohne Erbsünde empfangenen Gottesmutter Maria) zurück. Im Jahr 1676 soll nach Überlieferungen ein Pater mit Namen Antonius Schirley im Franziskanerkloster von Dorsten vor einer eher unscheinbaren Abbildung, die die Gottesmutter Maria als Immaculata zeigte, gestanden und die Aufforderung vernommen haben: „Bring mich nach dem Hardenberg, da will ich verehret sein!" Sodann weissagte die Stimme der Überlieferung nach eine wundersame Krankenheilung. Daraufhin übersandte der Pater das Marienbild den Franziskanern in Hardenberg-Neviges. Davon hörte wiederum der schwer erkrankte Fürstbischof von Paderborn und Münster, Ferdinand von Fürstenberg. In Folge seiner Genesung pilgerte er, einem Gelübde folgend, am 25. Oktober 1681 nach Neviges. Aus Dankbarkeit erteilte er den Auf-

Wallfahrtskapelle auf dem Marienberg

Romantisches Langenberg

trag, dass der Bau des örtlichen Franziskanerklosters zu vollenden sei. Dieses Ereignis war der Anfang der hiesigen Marienwallfahrtsbewegung. Gut 280 Jahre sollten vergehen, bis wegen der ständig steigenden Pilgerzahlen der Bauauftrag für den modernen Mariendom an den Kölner Architekten Gottfried Böhm erging.

Dieser Sakralbau aus Beton mit seiner zeltähnlichen Dachkonstruktion, der nicht nur bei Architekturliebhabern im In- und Ausland höchste Beachtung gefunden hat, passt sich überaus harmonisch dem von altem Fachwerk und engen Gassen geprägten Ortsbild von Neviges an. Die stufenförmig errichtete „Pilgerstraße" bis hinauf zum Domportal soll an die „Stadt Gottes auf dem Berg" als dem Ziel der christlichen Wallfahrer erinnern. Von Sitzbänken an den Seiten kann man dieses markante Gotteshaus auf sich wirken lassen. Die höchste Spitze des gezackten Dachs hat eine Höhe von 34 Metern. Weitere interessante Daten zu dem Bauwerk finden sich auf einer Informationstafel direkt am Eingang.

Der dunkle Innenraum bietet immerhin Platz für bis zu 6.000 Menschen und wirkt wie ein riesig überdachter Versammlungsplatz. Besonders bei hellem Sonnenschein entfalten die verschiedenen Fenster eine beeindruckende Leuchtkraft. So wirkt das „Flammenfenster" in der angrenzenden Marienkapelle wie ein Kaminfeuer. Auch das „Erlöserfenster" mit dem mystisch anmutenden Mariensymbol einer großen Rose, die am Stamm eines Baums erblüht, ist ein Blickfang in dem ansonsten so nüchtern wirkenden „Zelt" aus Beton. Auch die übrigen Fenster ziehen die Aufmerksamkeit fast magisch auf sich. Es gibt in dem Sakralbau noch eine Unterkirche mit Krypta.

An den Innenraumseiten des Doms befinden sich mehrere besondere Stellen der Besinnung und des Gebets. Gleich unterhalb der ersten Empore sind zwei Mariendarstellungen zu sehen – Maria mit ihrer Mutter Anna und die Mutter Gottes von Tschenstochau. Sodann fällt ein Bildnis der heiligen Hedwig auf, die die Schutzpatronin der Schlesier ist. Der Mariendom ist auch Aufbewahrungsort einer Armreliquie des Seligen Johannes Duns Scotus. Der schottische Theologe und Philosoph der Scholastik starb im November 1308 in Köln; in der Minoritenkirche ist Scotus begraben.

In der Nähe des Mariendoms an der Elberfelder Straße steht das Franziskanerkloster mit der angrenzenden katholischen Kirche St. Mariä Empfängnis. Wer das Domgebäude von der oberen Seite aus in Richtung Altstadt verlässt, erreicht nach wenigen Minuten die Evangelische Stadtkirche, die – ovalförmig angeordnet – von alten Fachwerkhäusern umgeben ist. Sehenswert ist auch das vom Ortskern nicht weit entfernte Schloss Hardenberg. Dieses aus dem 13. Jahrhundert stammende ehemalige Wasserschloss, das im wechselnden Besitz mehrerer Adelsfamilien war, liegt inmitten einer Parkanlage. Es wird heute von der Stadt Velbert für kulturelle Veranstaltungen genutzt.

„Bücherstadt" Langenberg

Von dem Wallfahrtsort gibt es sowohl eine S-Bahn- als auch eine Bus-Verbindung nach Langenberg, das am Zusammenfluss des Herdenberger Bachs und des Deilbachs liegt. Dadurch erhält dieser Stadtteil von Velbert eine zusätzlich romantische Note. Wir wählen die Buslinie 647. Nach knapp 20 Minuten steigen wir direkt an der Altstadt unseres Startorts aus. Besonders malerisch wirken auch hier die zum Teil unter Denkmalschutz stehenden Fachwerkhäuser und gut erhaltenen alten Villen. Im Stadtkern befindet sich die im Bergischen Stil im Jahr 1726 erbaute Alte Kirche der evangelischen Gemeinde. Auf dem Platz davor fällt eine Figur ins Auge, die an die einst hier angesiedelte Seidenweberei erinnert. Vom 17. Jahrhundert an sorgte dieser Industriezweig für Arbeit und Wohlstand. Auch das „Bürgerhaus", dessen Grundsteinlegung im Jahr 1913 erfolgte, hat mit dieser Epoche zu tun. Das wuchtig wirkende Gebäude mit seinen Türmen und Erkern wurde von dem Seidenfabrikanten Adalbert Colsmann und seiner Frau Sophie gestiftet.

Durch schmale Gassen und über romantische Bach-Brücken geht es, vorbei an zahlreichen Buchläden mit antiquarischen Auslagen, zur katholischen Kirche St. Michael, die sich am Froweinplatz befindet. Die Chronik berichtet darüber, dass es von 1725 an einen Vorgängerbau in Form einer Kapelle gab. Die Grundsteinlegung für das jetzige Gotteshaus erfolgte im Jahr 1899. Nach mehreren Restaurierungsphasen präsentiert sich das Kircheninnere harmonisch und einladend. Gleich hinter dem Eingang geraten zwei Flügelaltäre in den Blick, links der Maria-Hilf-Altar und rechts der Antonius-Altar. Beeindruckend ist auch das Taufbecken, das noch aus der alten Kapelle stammen soll. Der als Drachenbezwinger dargestellte Schutzpatron Sankt Michael befindet sich außen am Turm der Kirche. Die Gemeinde gehört seit dem 1. Januar 2010 dem neu gegründeten Pfarrverband St. Michael und Paulus an.

Langenberg hat noch mehr zu bieten: Auf dem angrenzenden 245 Meter hohen Hardtberg befinden sich in unmittelbarer Nähe zum Bismarckturm zwei Sendemasten des Westdeutschen Rundfunks (WDR). Der höhere erreicht immerhin eine Länge von 301 Metern; die zweite Anlage in der Nähe der Ortschaft Rommel ragt 170 Meter in den Himmel. Bleibt der Hinweis auf den Bismarckturm. Dieses ebenfalls beliebte Ausflugsziel wurde in den Jahren 1904 und 1905 erbaut.

Langenberg im Frühling

Von **Beyenburg**
bis **Vogelsmühle**

Links: Stauanlage und die Beyenburger Klosterkirche

Von Beyenburg bis Vogelsmühle

Lage

Beyenburg, das früher zu Lüttringhausen gehörte, wurde 1929 ein Stadtteil von Wuppertal. Der in einer Wupperschleife gelegene Ort grenzt unmittelbar an das Bistum Essen. Die katholische Gemeinde St. Maria Magdalena gehört innerhalb des Stadtdekanats Wuppertal zum Seelsorgebereich Barmen-Wupperbogen Ost.

Anfahrt

Pkw: von Köln die A 3 bis AK Leverkusen, dort die A 1 bis Remscheid-Lennep, dann Richtung Remscheid-Lüttringhaus-Süd, an der nächsten Gabelung rechts auf die L 58 Richtung Remscheid-Lennep, nach ca. 2 Minuten scharf links Richtung L 411/Schwelmer Straße abbiegen, an der Schwelmer Straße rechts bis Wuppertal-Beyenburg, an der Wupperstraße (L 414) wieder rechts, vor dem Stausee links in die Straße „Am Wupperstollen", die später in die Straße „Beyenburger Freiheit" mündet, nun durch die obere Altstadt an der Klosterkirche vorbei, hinter dem Kindergarten links, danach gleich wieder rechts und in einem weiten Rechtsbogen hinunter zum gebührenfreien Parkplatz am Schützenplatz

ÖPNV: mit der Bahn bis Wuppertal-Elberfeld, dann mit der S-Bahn-Linie 8 bis Wuppertal-Oberbarmen, von dort mit den Buslinien 616 oder 626 bis Beyenburg

Start- und Zielort

Gemeinsam mit Langerfeld, Laaken und Eschensiepen bildet Beyenburg den östlichsten Stadtbezirk von Wuppertal, in dem rund 26.000 Einwohner leben. Der angrenzende Wupper-Stausee mit seinen umliegenden Wäldern dient als Naherholungsgebiet. Die Anfänge des idyllischen Ortskerns von Beyenburg mit seinen schmucken Fachwerk- und Bruchsteinbauten hängen eng mit den Grafen von Berg zusammen. Die sehenswerte Klosterkirche liegt direkt am Jakobsweg in Richtung Köln.

Besonderheiten

Während der Rundwanderung verdienen die an der Strecke angebrachten Informationstafeln mit vielen historischen Hinweisen und Fotos Beachtung. In Beyenburg – direkt am Stausee – ist die sogenannte „Fischbauchbrücke" sehenswert.

Dauer

Wegen der Höhenunterschiede und der Besichtigungspunkte gut 3 Stunden

Länge

9,5 Kilometer

Wanderkarte

Topografische Karte Nr. 4709 „Wuppertal-Barmen", 1: 25.000

Einkehrmöglichkeiten

Café-Restaurant *Zur Alten Bruderschaft*, Tel. 0202/317 09 20,
Café-Restaurant *Haus Bilstein*, Tel. 0202/61 12 09,
Clubhaus des Bergischen Fischerei-Vereins, Tel. 0202/61 16 52,
nur von freitags bis sonntags oder nach Vereinbarung geöffnet

Internet

www.erzbistum-koeln.de
www.beyenburg.de
www.nrw-stiftung.de
www.wuppertal.de

EIN STÜCK Jakobsweg
ENTLANG DER WUPPER

Der Ausgangspunkt Beyenburg für die Rundwanderung innerhalb des Oberbergischen Kreises könnte idealer nicht sein: der malerische Blick hinauf zur Klosterkirche St. Maria Magdalena, die engen Gassen mit den alten Häusern aus Fachwerk und Bruchstein im Unterdorf, ein Prozessionskreuz in Blickweite des Parkplatzes am Schützenplatz. Der liegt direkt in Sichtweite an der markanten Wupperschleife. Wir machen uns auf den Weg zunächst durch das Unterdorf. Dieser verläuft durch die „Bayenburger Furt" bis zu einem kleinen Dorfplatz. Hier stoßen wir auf den von der Klosterkirche hinabführenden Jakobsweg. Wir gehen nach links, der gelben Jakobsmuschel auf blauem Grund folgend, über die alte Wupperbrücke.

Hinter der Fußgängerbrücke biegen wir rechts ab. Wo der Weg zunächst leicht bergan führt, sehen wir rechts die neu erbaute Kapelle „St. Maria im Schnee", außen wie innen liebevoll gestaltet. Nicht nur Jakobspilger sind an diesem Ort des

Die „Fischbauchbrücke" von Wuppertal-Beyenburg

Kleine Marienkapelle

Innehaltens willkommen. Die schmucke Inschrift auf weißer Wand gleich neben dem Eingang begrüßt auch uns: „Stall und Waschhaus war ich, Kapelle bin ich, Wanderer grüß ich, Segen wünsch ich." Von diesem Kleinod aus verlassen wir den Uferweg und folgen der schmalen Straße in einer Linkskurve steil bergauf. Auf der ersten Anhöhe müssen wir nach rechts an der Bushaltestelle vorbei und weiter rechts bergab zur Wupperstraße (L 414). Diese überqueren wir vorsichtig und gehen rechts bergab in Richtung der Straßen- und Zugüberführung.

Wir nutzen auf der linken Seite den leicht bergan führenden Fußweg, überqueren oben die Bahnschienen der für den regelmäßigen Zugverkehr nicht mehr genutzten Strecke und biegen dahinter links in die Sackgasse „Vor der Hardt" ab. Hier beginnt die Wanderregion entlang dem Wupper-Stausee, der inmitten eines Landschaftsschutzgebiets liegt. Die schmale Straße, die flussauf führt, öffnet links den Blick auf den von Wassersportlern genutzten Stausee. Der Jakobsweg, den wir später wieder für einen kurzen Moment erreichen, führt übrigens entlang der anderen Uferseite, die wir uns für den Rückweg aufsparen.

Wir passieren rechts einen kleinen Parkplatz am Straßenrand und laufen auf die nächste Wupperbrücke zu. Hier begegnet uns wieder die Jakobsmuschel. Die Brücke lassen wir links liegen und gehen an der Gabelung den „Stoffelsberg" leicht bergan. Wo die Straße eine scharfe Rechtskehre macht, müssen wir weiter geradeaus – dem Jakobsweg folgend. Die kaum befahrene Straße wird schmaler. Kurze Zeit später erreichen wir den Lohbach, der in die Wupper mündet. An dieser Stelle verlassen wir den rechts abbiegenden Jakobsweg und bleiben auf der Straße in Richtung Oedeschlenke.

Dieser Weiler mitten im Wald besteht im Wesentlichen aus dem Clubhaus des Wuppertaler „Bergischen Fischerei-Vereins". Da diese ehemalige Hofanlage eine größere Zahl von Gästezimmern hat und von Roswitha Wuttke von freitags bis sonntags bewirtschaftet wird, nutzen Jakobspilger auf ihrem Weg über Wermelskirchen ins Rheinland dieses Haus als kostengünstige Herberge. Nach Vereinbarung können größere Gruppen auch in der Woche hier einkehren (s. S. 184).

Direkt hinter dem Clubhaus wird die Straße zum Wanderweg, der sich nun etwas vom Flusslauf entfernt. Auf der Höhe erreichen wir eine Gabelung. Wir halten uns links und gehen dem Raute-Zeichen nach. Bald kommen wir an die nächste Weggabelung und gehen links bergab wieder der Wupper entgegen. Schnell macht der schmaler werdende Weg einen

Ein Stück entlang dem Jakobsweg

Der alte Bahnhof von Dahlerau

scharfen Rechtsbogen. Wir sind nun erneut unmittelbar in Ufernähe und erreichen bald die ersten Häuser von Dahlerau. Wir gehen die Wupperstraße hinunter und passieren – auf der rechten Seite – eine alte Fabriksiedlung. Kurz vor Ende der Straße biegen wir auf den Fußgängerweg links ab. Eine schmale Brücke führt uns auf die andere Wupperseite.

Hinter der Brücke wandern wir rechts hinauf zum Bahnüberweg. Dahinter geht es nach links weiter bergauf – dem Schieferhaus entgegen. Die Straße „Grunewald", auf der wir uns befinden, mündet an der L 414. Auf der gegenüberliegenden Seite nutzen wir den Fahrradweg und laufen nach rechts dem Ortseingangsschild von Dahlerau entgegen. Dahlerau gehört zum Pfarrverband Radevormwald-Hückeswagen.

Rechts unten im Tal sehen wir das alte Fabrikgelände der ehemaligen Firma „Johann Wülfing & Sohn" mit den für die Gegend typischen Arbeiterwohnblocks. Heute befindet sich auf dem Gelände das „Wülfing-Museum". Die L 414 macht hier einen weiten Rechtsbogen. Auf der Höhe sehen wir links die evangelische Kirche mit ihrem schlanken Turm und die Häuser vom Ortsteil Keilbeck. Dahlerau ist dem Stadtgebiet von Radevormwald zugehörig.

Ein Wegweiser auf der rechten Seite führt uns zum ehemaligen Bahnhof von Dahlerau, ein gut erhaltenes Gebäude, das sich in Privatbesitz befindet. Dahinter sehen wir auf der linken Seite einen Treppenaufstieg hinauf zur Straße. Wir müssen weiter geradeaus bis zum Ortsteil Vogelsmühle. Nach einer Linkskurve führt die gleichnamige Straße rechts hinunter zu einer weiteren ehemaligen Fabrik, von alten Wohnhäusern umgeben. Hier gehen wir über die Wupperbrücke. Auf der anderen Seite informiert eine Schrifttafel (links) über die Geschichte dieser einstigen Tuchfabrik. Wir biegen hinter der Brücke rechts ab und gehen bergan. Oben überqueren wir die Bahnschienen. Danach führt die Strecke weiter geradeaus.

An der alten Eisenbahnbrücke (rechts) verlassen wir die schmale Straße und gehen den mit „X" gekennzeichneten Wanderweg halblinks den Hang hinauf. Dieser mündet in eine schmale Dorfstraße. Wir laufen geradeaus in Richtung Oberdahl und einem großen Windrad entgegen. An der nächsten Straßengabelung müssen wir rechts abbiegen. Wir kommen in den Ortskern und bleiben solange auf der Straße, bis wir den höchsten Punkt erreicht haben. Dann geht es rechts ab in Richtung Windrad. An der nächsten Gabelung führt uns der Weg links ins Tal hinunter – wir sind in umgekehrter Richtung wieder auf dem Jakobsweg. An der Lohbachmündung erreichen wir die uns vom Hinweg bekannte Wanderstrecke unterhalb von Oedeschlenke.

Nun müssen wir links abbiegen. Die gelbe Jakobsmuschel weist uns von hier aus den Weg zurück nach Beyenburg. Am Parkplatz – in Höhe der Straße „Stoffelsberg" – biegen wir jetzt rechts ab und wandern über die Brücke auf die andere Wupperseite. Dahinter gehen wir links in den Alten Brauweg. Dieser führt den Stausee mit seinen Bootshäusern entlang bis zu den uns vom Hinweg vertrauten Überführungen. In einem Rechtsknick geht es unter diesen hindurch, und wir blicken auf die Klosterkirche.

Beyenburg –
Perle des Bergischen Landes

Liebhaber geschlossener Fachwerksiedlungen können nur ins Schwärmen geraten, wenn sie von der auf einer Bergzunge errichteten alten Klosterkirche St. Maria Magdalena hinab auf die romantischen Häuser und Gassen von Alt-Beyenburg blicken. Um das im Tal der Furt entstandene Unterdorf fließt in einer weiten Schleife die Wupper. Aus der Vogelperspektive wirke dieser östliche Teil des traditionsreichen Orts „wie eine Perle", versichern Einheimische.

Die Entstehung Beyenburgs hat mit den Grafen von Berg zu tun. Als Stadtteil von Wuppertal ist der Ort heute mit seiner abwechslungsreichen Natur und dem nahen Stausee ein idealer Ausgangspunkt für Naherholungssuchende. Die Steinhauser Straße, an der sich der alte Friedhof befindet, erinnert an die Anfänge Beyenburgs. Denn bereits vor dem Jahr 1189 soll in der Nähe der heutigen Grabstätten ein festes Haus gestanden haben, das sich von den sonst üblichen Holzbauten abhob. Dieses Steinhaus gehörte wohl dem Grafen von Berg und diente als eine Art Verwaltungsgebäude oder auch bei drohenden Gefahren als Zufluchtsort, denn ganz in der Nähe gab es nicht nur eine wichtige Straße, sondern auch eine Wupperbrücke, die es zu sichern galt.

Graf Adolf von Berg war es, der 1298 Mitglieder des Ordens der Kreuzbrüder (später: Kreuzherren) aus Belgien nach Beyenburg holte. Diese zahlenmäßig eher kleinere Gemeinschaft verfolgte eine Lebensweise zwischen Kontemplation und Aktion. So kümmerten sie sich um Pilger, Kreuzfahrer, Notleidende und Kranke. Heute zählt der international agierende Orden rund 600 Mitglieder, 21 Mönche wirken in Deutschland.

Der Graf überließ den Kreuzbrüdern das Steinhaus, das sie fortan als Kloster nutzten. Die Kapelle wurde auf den Namen der heiligen Maria Magdalena geweiht. Das später in einem Viereck errichtete neue Kloster mit der Kirche in der Wupperschleife wurde im Jahr 1497 fertiggestellt. Wegen mehrerer Brände, bei denen wichtige Urkunden vernichtet wurden,

Hinab in die Gassen von Alt-Beyenburg

musste das Areal häufig erneuert und restauriert werden. Es besteht heute nur noch aus dem Ostflügel des Klosters sowie aus dem südlich gelegenen Gotteshaus.

Im Zuge der Säkularisierung verließen im Jahr 1803 die Kreuzherren ihre Wirkungsstätte in Beyenburg. Die Länderein wurden verkauft, eine wertvolle Büchersammlung wurde öffentlich verbrannt. Seit 1963 sind die Kreuzherren wieder in Beyenburg. Das in hervorragendem Zustand befindliche Gotteshaus dient inzwischen als Pfarrkirche der Gemeinde St. Maria Magdalena, die zur Pfarrgemeinschaft „Wupperbogen-Ost" gehört. Zu besonderen Anlässen finden Gottesdienste auch unter freiem Himmel auf dem dafür eingerichteten Platz zwischen Klostergebäude und Kirche statt.

Außen wie innen wirkt die Klosterkirche überaus einladend. Die barocke Ausstattung (Hochaltar, Kanzel, Orgelbühne) erinnert an den einstigen Wohlstand in dieser Region. Auch das um 1700 entstandene, kunstvoll geschnitzte Chorgestühl fällt ins Auge. Als herausragend gilt das Altarbild, das die Kreuzigungsszene darstellt. Ein Rubens-Schüler soll es gemalt haben. Sowohl an der Kirche als auch an anderen markanten Punkten des Orts sind – gut erkennbar für Besucher, Wanderer und Pilger - Informationstafeln angebracht, auf denen viel Wissenswertes zu erfahren ist.